10대와 통하는
채식 이야기

10대와 통하는
채식 이야기

제1판 제1쇄 발행일 2021년 11월 22일

글 ·그림 _ 이유미
기획 _ 책도둑(박정훈, 박정식, 김민호)
디자인 _ 채홍디자인
펴낸이 _ 김은지
펴낸곳 _ 철수와영희
등록번호 _ 제319-2005-42호
주소 _ 서울시 마포구 월드컵로 65, 302호(망원동, 양경회관)
전화 _ 02) 332-0815
팩스 _ 02) 6003-1958
전자우편 _ chulsu815@hanmail.net

ISBN 979-11-88215-67-6 43190

철수와영희 출판사는 '어린이' 철수와 영희, '어른' 철수와 영희에게
도움 되는 책을 펴내기 위해 노력합니다.

10대와 통하는

채식 이야기

세상을 바꾸는 밥상

글·그림 이유미

철수와영희

세상을 바꾸는 밥상, 채식 이야기

제가 처음 채식을 시작할 때 분명한 계기가 있었습니다. 그러나 잘 생각해 보면 일상의 수많은 경험과 느낌, 생각, 다짐들이 쌓이고 쌓였다가 어느 순간 결정적인 임계점에 다다랐던 것 같습니다. 불편하고 어색하고 이상한 느낌들의 이유를 몰랐는데, 그런 온갖 갈등들이 한꺼번에 소멸되는 것 같았어요. 채식을 하면서 비로소 자연스러운 물결에 올라탄 듯 삶의 편안한 항해를 다시 시작하는 기분이었습니다.

'채식'은 우리 사회뿐만 아니라 세계적으로도 큰 흐름을 형성하고 있습니다. 그러나 아직은 유별난 선택으로 여겨지기도 하지요. 세상이 그만큼 육류 위주의 식습관으로 흐르고 있기 때문일 거예요. 채식은 개인적으로는 큰 용기가 필요한 선택이자 사회적으로는 현실에 급제동을 거는 과격한 운동으로 보일 수도 있습니다. 그런데 알고 보면 특별할 것도 특이할 것도 없이 지극히 평범하고 자연스러운 식생활 방식이라는 것을 알 수 있어요.

많은 사람이 왜 채식을 실천하며 자신을 드러내는가, 왜 채식이 사회 운동으로까지 번지게 되었는가, 그렇다면 채식에는 어떤 의미가 담겨 있는가, 우리도 이제 이 흐름을 제대로 알고 이해했으면 하는 관점으로 이야기를 풀어 보았습니다. 채식이 유행처럼 번진다고 무작정 따라 하기보다는 제대로 이해했을 때 비로소 건강한 식습관을 오래 유지할 수 있으니까요.

1장에서는 채식의 기본적인 개념과 함께 채식의 역사와 선각자들의 채식 이야기를 정리해 보았어요. 채식의 개념을 잘 정리할 수 있을 거예요.

2장에서는 공공의 중요한 가치와 신념을 위해 채식을 실천하는 다양한 사람들의 이야기가 이어집니다. '채식이 좋으면 혼자 잘 먹고 잘살면 그만이지 왜 자꾸 남에게도 채식을 권할까?'라는 생각을 했던 사람이라면 2장의 이야기로 채식의 이해가 깊어지리라 생각해요. 많은 사람이 개인적인 영역에 머물렀던 밥상 이야기를 공적인 문제로 드러낼 수밖에 없는 이유가 나오죠. 그렇다고 여러분도 책에 제시된 어떤 가치를 선택해야 한다는 뜻은 아니에요. 어쩌면 공감할 수도 있고 아닐 수도 있어요. 몇몇 근거들을 참고해 각자 나름의 다른 기준을 세워 볼 수도 있으리라 생각합니다.

3장과 4장에서는 다양한 채식의 종류와 함께 그중 좀 더 깊은 이해가 필요한 비거니즘을 자세히 다루었어요. 채식에 관심을 두다 보면 주위의 흔한 반응과 선택적인 갈등을 자주 경험하게 되죠. 많은 채식인이 공통으로 겪는 문제를 저의 개인적인 사례를 통해 풀어 보았습니다. 어떤 부분에서는 채식이 생각했던 것보다 어렵지 않다는 것을 알 수 있을 것이고, 채식을 막연하게 생각했던 사람이라면 오히려 자신의 상황과 신념에 맞는 방식을 금방 선택할 수도 있으리라 생각합니다. 그런데 또 어떻게 보면 생각했던 것보다 까다롭고 복잡하기도 하죠. 그런데도 충분히 가치 있는 선택이라 여겨진다면 생각만큼 어렵지도 않은 것이 채식의 세계라는 것도 알게 될 거예요.

5장, 6장, 7장에서는 채식을 선택하는 사람들은 '어떤 삶을 사는가, 어떤 것들을 즐기는가' 같은 구체적인 채식인의 삶에 대한 이야기가 이어집니다. 그리고 뿌리 깊은 채식에 대한 편견이 사라지기를 바라면서 채식에 대한 흔한 오해들을 이야기해 보았어요. 반면 채식이라고 무조건 건강한 식습관이 아닐 수 있다는 점도 짚어 보았습니다. 그럼으로써 채식을 더 깊이 이해할 수 있으리라 생각해요.

세상은 갈등을 통해 결국 성장하고 발전합니다. 채식은 개인적으로는 무엇을 먹고사느냐 하는 단순한 문제 같지만, 이 단순하고 반복적인 일상이야말로 삶을 역동적이게 할 수 있는 근원이지요. 무엇을 먹느냐 이전에 어떤 가치를 선택하느냐 하는 것은 인간의 고유한 영역이기도 해요. 이 책이 여러분의 사고를 넓히는 데 작은 일조를 했으면 하는 바람입니다.

이유미 드림

차례

1장 　　　　　　　　　　　　　　　육식 대 채식

인간은 음식이 필요해

　인간을 포함한 모든 생명에게 원초적으로 필요한 것은 바로 '먹을 것'입니다. 공기와 물과 음식은 우리 몸을 움직이게 해 주는, 즉 우리를 살아 있게 하는 가장 중요한 요소죠. 우리는 맛있는 것을 먹고 싶은 욕구를 느껴서 먹기도 하지만, 더 근본적인 이유는 하루하루 살아가는 데 몸의 에너지가 필요하기 때문이에요.

　살아 있는 모든 생명은 태어나서 성장하고 활동하고 자신만의 열매를 맺음으로써 각각의 삶을 완성해 나갑니다. 세상에 발을 내딛는 순간부터 모든 생명은 살고자 하는 본능에 몸을 맡깁니다. 그래서 눈도 뜨지 못한 아기도, 따뜻한 엄마의 품에서 젖부터 찾게 되지요. 자연스러운 본능입니다. 아기는 그렇게 '먹을 것'을 공급받아 쑥쑥 자랍니다.

　인간을 비롯해 개, 고양이, 사자, 북극곰 등의 포유류는 이와 같은 방식으로 성장하고, 다른 동물들 또한 알을 깨고 나오건 물속에서 태어나건, 사는 환경은 달라도 무언가를 섭취함으로써 그것을 연료로 쓰고 생명을 유지한다는 점은 다르지 않지요.

그 연료가 되는 것들을 우리는 '음식'이라고 부릅니다. 사람이 먹고 마시는 모든 것을 통틀어 부르는 이름이지요. 모든 생명이 섭취하는 것을 음식이라고 한다면, 동물에게는 먹이 사슬 아래의 다른 동물 또는 식물이 음식이 될 것이고, 식물에게는 햇빛과 물이 그렇겠지요. 어떤 형태를 가졌다고 하더라도 이 땅을 떠나서 얻어지는 것은 없어요. 달리 말하면, 생명으로 존재하는 한 지구에서 나고 자란 다른 것들을 취하고 소비함으로써 삶을 유지해 나가야 한다는 점이에요. 음식의 관점에서만 보더라도 지구상의 모든 것들이 유기적으로 연결되어 있다는 점을 알 수 있습니다. 어떤 것도 홀로 존재할 수 없다는 뜻이기도 하지요.

특별한 경우를 제외하고는 우리는 매일, 하루에도 몇 번씩 음식을 찾게 됩니다. 학생은 학교에서, 직장인은 회사에서 식사 시간이 정해져 있으므로 우리는 대체로 사회적으로 약속된 시간에 식사를 하지요. 우리와 함께 사는 반려동물이나 동물원의 동물, 농장동물, 실험동물 등 인간의 통제에 있는 경우를 제외한 모든 생명은 자신의 몸에서 에너지를 필요로 할 때 음식을 섭취합니다.

그렇다면 같은 조건에서 출발한 이 지구상의 생명체 중 왜 인간만이 시시때때로 다양한 음식을 즐길까요? 왜 인간만이 음식이라는 문화를 형성하고 연구하며 발전시키고자 할까요?

그것은 인간 사회가 극도로 분화된 형태를 띠고 있기 때문이에요. 하루 대부분 먹을 것을 찾아 채집 활동을 했던 것이 고대 사회라면, 이제는 그 일을 담당하는 사람이 따로 있고 대신 우리는 다른 일을 해서 사회 조직에 기여하는 시스템이지요. 이런 식으로 각자 할 일을 명확하게 구분 짓고 다양한 영역에서 활동하다 보니, 음식 또한 에너지 공급원 역할을 시작으로 우리의 건강과 미각 그리고 시각적인 차원까지 담당하고 있습니다. 선택의 여지 없이 그날그날 얻어지는 것으로 배를 채워야 했던 옛날과는 달리 지금은 음식 선택의 폭이 더욱 넓어졌지요. 더 나아가서는 선택의 영역에서 음식의 종류뿐만 아니라 다양한 이유와 신념이 작용하고 있습니다.

우리가 인간이 아닌 광합성을 하는 나무나 화초라고 한 번 상상해 볼까요? 작은 씨앗으로부터 세상에 나와 땅에 뿌리를 내리고 태양을 향해 자라겠지요. 물과 햇빛 정도면 족하고, 꽃을 피우게 된다면 열매를 맺게 해 줄 벌이나 나비만 있어도 더할 나위 없이 행복할 것입니다. 관점에 따라서는 매우 수동적으로 보일 수도 있겠지만, 자연의 흐름을 거스르지 않는 자연스러운 삶의 방식이라고도 할 수 있을 거예요.

그런데 인간은 자연의 흐름을 다소 역행하는 듯 보이기도 해요. 인간만이 능동적이고 주도적인 문화를 만들어 가고 있지요.

옛날에는 주어진 대로 감사하게 받아들였던 음식이 이제는 자연스러운 방식으로 얻지 못하는 게 되어 버렸습니다. 옛날에는 굳이 구분할 필요도 없던 육식과 채식이 지금은 팽팽한 대립 구도처럼 보이기까지 하고, 채식 세계 또한 우리에게는 생소한 이름이 너무 많이 붙어 있어 복잡합니다. '나는 자연인이다'를 외치며 외딴곳에서 홀로 살아간다면 모를까, 우리는 이 복잡한 세상에 서로 뒤엉켜 살아가야 하지요. 따라서 가장 중요한 우리 몸을 만드는 연료인 음식의 세계를 모르고 넘어갈 수는 없습니다.

우리는 그중에서도 요즘 트렌드인 채식주의를 알아보려고 해요. 채식이라는 단어를 모르는 사람은 없을 거예요. 그런데 막상 채식이 무엇이냐고 묻는다면 육식의 반대되는 개념이라고 답변하기 쉽습니다. 그 대답이 틀린 것은 아니지만 어떤 면에서는 채식에 관한 편견으로 작용한다는 점에서 정확한 답변은 아니라고 봅니다. 물을 전기 분해하면 산소와 수소로 나누어지지만 그렇다고 산소의 반대말이 수소는 아닌 것처럼 말이지요.

우리가 섭취하는 음식 중에 고기를 섭취하는 육식이 있고, 고기를 섭취하지 않는 채식, 이것저것 가리지 않고 먹는다는 의미에서 잡식을 얘기하기도 합니다. 그리고 채식의 일차적 정의는 고기류는 섭취하지 않고 채소나 과일, 해초류 등의 식물성 음식만 먹는 것*입니다.

이야기의 시작은 여기서부터입니다. 고기류는 먹지 않고 식물성 음식만 먹는다는 것, 이렇게 쉽고 간단하게 정의 내릴 수 있겠지만 설명이 더 필요해요. 그 분류에는 단순히 '고기'와 '고기가 아닌 것'이라는 개념만 개입되어 있을 뿐 진짜 채식의 세계에는 아주 다양한 의미와 수많은 종류가 있기 때문이지요. 또한 채식에 관한 사람들의 첫 번째 반응이 '풀만 먹고 어떻게 살아?'라고 하는 걸 보면 채식의 세계 중 아주 일부만 보고 있다는 것을 알 수 있습니다. 마치 소나 양 등의 동물이 자연에서 풀을 뜯는 것을 '초식草食'이라고 하는데 채식을 초식으로만 여기는 게 아닐까라는 생각이 드는군요.

그런데 채식을 몰라도 잘 먹고 잘살아왔는데, 왜 굳이 이름까지 붙여 구분해야 할까요? 채식을 선호하는 사람들은 어떤 생각과 어떤 선택을 하고 있을까요? 왜 채식인이나 채식 운동 단체들은 남의 식사까지 개입해서 세상을 바꾸고자 할까요? 왜 거대한 식품업계조차 이 흐름에 편승해서 소비자들의 입맛을 사로잡으려고 할까요?

채식이 단순히 고기를 먹지 않고 채소만 먹는 식사법이라는 생각에서 벗어나 이 책을 읽는다면 훨씬 더 흥미로울 것입니다. 과연

◆ 표준국어대사전에서는 채식의 의미를 "고기류를 피하고 주로 채소, 과일, 해초 따위의 식물성 음식만 먹음"이라고 표기하고 있으며, 채식주의는 "고기류를 피하고 주로 채소, 과일, 해초 따위의 식물성 음식만을 먹는 식생활이 좋다고 생각하는 태도"로 설명하고 있다.

채식은 무엇인가, 하는 물음의 답변은 이 책의 마지막 장을 덮었을 때 다시 정의 내려 보면 좋겠습니다.

채식의 역사

음식의 형태는 인간의 역사만큼 길고 다양한 문화를 포함하고 있습니다. 고대에는 주로 채집·수렵 활동으로 음식을 얻었다면, 농경과 목축이라는 적극적인 생산 활동을 시작하면서 국가와 계층도 생겨나고 음식 또한 각각의 문화만큼이나 다양하게 발전해 왔습니다. 한국인으로 태어난 우리는 자연스럽게 한국 음식을 접하게 되고 익숙해졌지요. 각자 입맛은 다르지만, 장기간 해외에 있을 때면 한국 음식이 무척 그리워지는 것도 한국인으로서의 정체성을 말해 줍니다. 식재료가 어떻게 조리되고 어떤 양념을 넣느냐에 따라 전혀 다른 맛이 나오지만, 땅에서 얻는 재료를 쓴다는 점은 세계가 다르지 않습니다. 이 땅의 생물이 크게 동물과 식물로 나누어지듯, 식재료도 동물에게서 얻은 것과 식물에게서 얻은 것으로 분류될 것이고, 음식을 취하는 방식 또한 육식과 채식으로 나누는 것이 보편적입니다.

채소를 뜻하는 'vegetable'에 수행하는 사람을 뜻하는 접미사 '-rian'이 붙어 채식주의자 'vegetarian'이라는 단어가 탄생하게 되었어요. 따라서 채식주의자라는 단어에는 '채식을 하는 수행자'라는 뜻이 있습니다.

그보다 먼저, 어원 자체는 라틴어 'végĕtus'입니다. 이는 '활발한', '생기 있는', '활력 있는'이라는 뜻이 있지요. 이 때문에 '채식'이라는 단어보다 '건강식'이나 '생명식'이라는 표현이 더 적절하다는 의견도 있습니다.

1847년 영국에서 세계 최초로 채식주의자 협회가 설립되면서, 이 새로운 용어도 일반인에게 널리 알려지게 되었지요. 그렇다고 이전에 채식하는 사람이 없었던 것은 아니지만 채식주의자라는 새로운 단어가 생기자 이에 공감하는 사람들이 식생활로 자신의 정체성을 부여하기 시작한 것입니다. 특정 종교나 철학 등으로 자신의 정체성을 보여 주던 사람들이 이제는 무엇을 먹고사는지에 따라 또 다른 부류로 나누어지기 시작한 것입니다.

이후 세계 곳곳에서 비슷한 뜻을 가진 협회들이 설립되었고 급기야 1908년에는 여러 나라의 채식주의자 협회들이 연대한 국제 채식주의자 연합International Vegetarian Union으로 모이게 되었습니다. 이후 채식은 건강과 윤리, 환경 문제에 대한 관심으로 더 넓게 확산하였지요. 1970년대 미국에서는 기존 축산업에 대한 반발과 환경 운동을 배경으로 하는 일종의 대항문화◆로까지 등장하기에 이르렀습니다.

그러다 21세기 이후 채식은 동물권 옹호와 더불어 환경 보호를 주장하는 비거니즘veganism 사상의 영향을 받아 사람들의 많은 지지를 받습니다. 비거니즘이란 동물을 착취해서 얻은 고기를 섭취하지 않는 것은 물론 동물에게서 얻는 모든 제품과 서비스까지 거부하는 신념을 바탕으로 합니다.◆◆

채식을 기반으로 한 생활, 사상이 세계적으로 번지자 이에 반기를 든 사상 또한 새롭게 대두되었습니다. 2001년 미국에서는 '육식주의carnism'와 '육식주의자carnist'라는 용어가 고안되기도 했어요. 육식 또한 채식과 마찬가지로, 이를 선호하는 사람들이 어디선가 갑자기 나타난 것은 아니겠지요. 고대부터 자연에서 얻는 고기나 채소, 과일 중에서 더 좋아하고 덜 좋아하는 개인적인 식성은 있어 왔어요. 그런데 채식 운동이 활발해지자 오히려 육식이 정상적이고 자연스럽고 필요하다는 신념을 표방하기에 이른 것입니다. 이들 또한 먹는 문제로 자신의 정체성으로 드러내면서 더욱 육식을 지지하고 실천하기에 이른 것입니다. 채식이나 육식은 이제 단순

◆ 어떤 사회의 지배적인 가치 체계나 문화를 거부하는 젊은이들의 문화를 일컫는다.

◆◆ 비거니즘에 대해서는 제4장에서 자세히 설명하기로 한다.

히 개인의 음식 취향을 넘어 삶의 중대한 가치나 사상까지 드러내는 수단이 되었지요.

채식을 우리나라에서는 '菜食'으로 표기하고 있습니다. 단순히 뜻만 보자면 '나물류 등 채소 음식으로 하는 식사'라고 볼 수 있습니다. 반면 중국에서는 '소식素食'으로 표현하고 있어요. 이는 '고기 반찬이 없는 식사'라는 뜻과 함께 '소박한 식사'라는 뜻이 함께 있습니다. 그리고 일본은 우리나라와 같은 한자를 씁니다.

어떤 단어를 사용하든 식물성 재료를 사용한 음식을 섭취한다는 것이 공통적인 개념이겠네요. 채식을 실천하는 사람이 많아진 요즘에는 그런 식생활에 정신적인 가치가 부여된 채식주의자라는 표현이 너무 거창하다고 보아 채식주의자라는 단어보다 채식인이라는 표현을 많이 쓰기도 합니다. 어떤 신념이나 취향을 개입시킬 필요 없이 그저 채식을 즐기는 사람으로 자신을 표현하는 방식이지요. 더욱 유연하고 포괄적인 개념이라고 보기 때문에 저도 개인적으로는 이 단어를 주로 사용합니다.

그렇다면 이전에는 왜 채식과 육식의 대립이 없었을까요? 이전에는 채식을 하든 육식을 하든, 같은 생명이라는 데서 출발했기 때문에 모든 것이 자연스러웠을지도 모릅니다. 채식한다고 사회에서 분리된 특이한 인종도 아니고, 육식한다고 비난받을 것도 아니지요. 그런데 동물이, 자연이 아닌 공장의 칸막이에 들어가 살면서 이 관계가 깨지게 된 것입니다. 동물은 더는 우리와 같은 환경에서 먹고 먹히는 관계에 있는 게 아니라, 인간에게 일방적으로 지배당하는 관계에 놓이게 된 것이지요. 인간도 동물이지만, 인간 동물과 비인간 동물이 더욱 엄격하게 구분되기 시작했어요. 동물은 이제 '우리'가 아닌 '남'이 된 것이지요.

세계의 채식 문화

　세계에서 채식인이 가장 많은 나라는 인도입니다. 14억 인구 중 약 40퍼센트가 채식인이니 어림잡아도 5억 명 이상이 채식을 한다고 볼 수 있겠네요. 우리나라 사람 전부가 채식을 한다 해도 그보다 열 배나 많은 사람이 인도에서 채식인으로 살고 있다니 정말 어마어마한 수지요? 그래서인지 인도에서는 어딜 가나 채식 식당을 쉽게 찾아볼 수 있어요. 채식인들이 존중받는 문화도 자연스럽게 형성되어 있습니다. 일반 식당마저도 종교적인 날에는 채식 음식만 취급하는 것이 일반적이기도 하지요.

　또한 가공식품보다는 그날그날 신선한 재료로 따뜻하게 조리하는 것을 선호하기 때문에 인도는 상대적으로 건강한 채식 문화가 자리 잡은 나라라고 볼 수 있습니다. 우리나라는 냉장고나 냉동고에 먹을 것을 많이 보관하지만, 인도에서는 냉장고의 사용 빈도가 낮습니다. 주로 음료를 시원하게 보관하거나 어쩌다 남은 음식을 잠깐 보관할 뿐이지요.

인도에서는 힌두교의 시바Shiva신이 타고 다닌다는 황소 난디 Nandi 덕분에 힌두교도들은 소고기를 먹지 않습니다.◆ 게다가 인도 인구의 14퍼센트는 이슬람교도인데 이들은 돼지고기를 먹지 않아 요. 힌두교도는 소를 신성하게 여기는 반면 이슬람교도들은 돼지 를 싫어하지요. 따라서 인도에서는 육식을 즐기는 사람이라고 하 더라도 소고기나 돼지고기가 아닌 닭고기의 선호도가 높은 편입 니다.

이런 수요에 맞추려고 인도의 식품 기업에서는 더 인도적인 방 식의 가짜 고기, 즉 닭고기의 세포를 배양해 만든 먹거리를 제공하 는 데 총력을 기울이고 있습니다. 고기를 좋아하는 일부 사람들은, 배양육이나 대체육 등이 진짜가 아니라서 싫다고도 하지만, 종교 적인 이유 등으로 채식하는 사람들에게는 반가운 소식이겠지요. 따라서 인도의 많은 채식인이 이러한 제품을 수용하고 선택하는 데 거부감이 없습니다.

1996년 인도 시장에 들어간 국제 기업 맥도날드는 소고기로 된

◆ 하지만 놀랍게도 인도는 2018년 기준 브라질에 이어 소고기 수출 세계 2위국이다. 인구의 80퍼센트가 소고기를 먹지 않는 힌두교도이지만 14퍼센트 정도인 2억 명가 량은 이슬람교도로서 인도에서 적지 않은 소고기 소비를 하고 있다.

햄버거를 판매할 수 없었습니다. 돼지고기를 쓴다는 것도 있을 수 없는 일이었습니다. 그래서 인도의 맥도날드는 세계에서 유일하게 소고기 패티가 없습니다. 대신 인도에서 팔리는 대표적인 맥도날드 햄버거 패티는 감자, 콩, 당근 등의 채소류에 커리 맛을 내는 강황 등의 향신료를 버무려 만들어요. 고기가 들어간 햄버거라면 닭고기를 이용한 치킨버거가 주를 이루고 있습니다. 인도에서는 일상생활에 필요한 곡물류, 채소류, 교통수단 등을 제외한 소비는 거의 사치 품목으로 보기 때문에 버거는 가격이 높은 편이에요. 아무리 패스트푸드라고 하더라도 길거리 식당에서 서민들이 먹는 음식에 비하면 아주 비싼 편이지요. 그런데도 전통성이 강한 인도라는 나라에서, 현대 문명을 즐길 수 있는 공간으로 인기가 아주 많습니다.

맥도날드는 기업의 정체성을 버리고 인도의 종교와 식문화를 존중했기 때문에 인도에서 성공할 수 있었습니다. 햄버거 가게가 고급 패밀리 레스토랑의 이미지까지 거머쥐게 된 것이지요. 이를 계기로 버거킹 또한 비슷한 전략으로 성공했고 인도에서는 채식 재료로 만든 버거와 식물성 패티를 다채롭게 맛볼 수 있습니다.

그렇다면 이런 세계적인 프랜차이즈를 많이 가진 미국은 어떨까요? 채식주의자라는 단어가 등장하고 170여 년의 시간이 흐른 후에 식물성 고기인 대체육* 등의 개발이 미국에서는 아주 활발합니다. 세계적인 거부 빌 게이츠가 식물성 고기 회사인 '임파서블 푸드Impossible Food'에 투자해서 사람들의 관심이 높아졌고, 영화 배우 레오나르도 디카프리오는 미국 내 가장 대표적인 대체육 브랜드인 '비욘드 미트Beyond Meat'에 투자했지요. 사회적으로 인지도가 높은 유명 인사들은 이러한 활동 등으로 자신의 가치 지향을 드러냄과 동시에, 대중에게는 채식에 관한 긍정적인 영향력까지 행사하고 있습니다.

채식인뿐만 아니라 비채식인도 건강 때문에 대체육에 관심이 높습니다. 어떠한 이유든 식품 선택에 있어서는 가장 중요한 요소인 '맛'을 빼놓을 수 없을 거예요. 고기를 대체한다고 해도 고기 원래의 맛이나 식감에 기대가 높다는 것이지요. 시장에서 대체육을 처음 선보일 때만 해도 고기 맛을 비슷하게 재현하는 데 한계가 있었지만, 요즘은 진짜 고기와 거의 구분이 힘들 정도로 발전을 거듭하고 있어요.

영국의 대표 주간지 〈이코노미스트〉에 따르면 미국인의 25~35세 중 25퍼센트는 채식주의자이며 35퍼센트는 '고기를 줄이는 생활'을 한다고 해요. 기존의 식생활이 건강에 좋지 않다고 생각하는

◆ 대체육이란 진짜 고기 맛에 가깝게 만든 인공 고기로, 크게 동물 세포를 배양해 만든 것과 콩이나 밀 등 식물 성분을 사용해 만든 것이 있다. 동물 세포 배양 방식은 동물의 줄기세포를 배양해서 만들기 때문에 맛은 진짜 고기와 흡사하지만 가격이 비싼 편이며, 식물성 대체육은 식물 단백질을 사용해서 만들기 때문에 실제 고기 맛은 덜하지만 가격은 상대적으로 저렴하다.

사람이 많기 때문이라고 하는군요. 인도에 비하면 낮은 수치이기는 하지만 고기 위주의 식단이었던 과거 식문화가 근래에는 크게 변하고 있음을 보여 줍니다. 또한 식당은 물론이고 대부분 학교나 군대 등도 채식인을 위한 요리가 따로 있지요. 패스트푸드나 프랜차이즈 피자 판매장 또는 아이스크림 가게에서도 채식 식품을 고를 수 있어요. 이런 가공식품이 건강을 위한 이상적인 음식이 아니라고 하더라도 채식인을 위한 선택의 폭은 매우 넓습니다.

채식에 대한 선호는 세계적인 동물성 식품 소비국이었던 미국이나 브라질 등에서 오히려 증가하고 있습니다. 브라질의 경우, 소고기 수출이나 소비가 전 세계 평균보다 훨씬 높은 편임에도 불구하고 채식하는 인구 또한 가파른 속도로 증가하고 있습니다. 2억 2천만에 가까운 인구 중 15퍼센트 정도인 3천만 명이 채식인이며 주로 젊은 층에서 채식을 선호한다는 점은 미국이나 다른 나라들의 추세와 다르지 않습니다. 이들은 자신이 먹는 것이 어디에서 어떻게 왔는지에 대한 정확한 정보를 원하죠. 선택에 있어서도 환경이나 건강에 덜 해로운 생활 방식까지 고민하기 때문으로 보입니다.

육류가 상대적으로 싼 가격에 공급되는데도 채식 인구는 급속도로 불어나고 있습니다. 육류가 싸게 공급된다고 하면 반가운 소식이라고 하겠지만, 그 이면에는 불편한 진실이 숨어 있기 때문이지요. 자국에 고기를 공급하고 세계적으로도 소고기 수출 1, 2위를 달리는 나라의 명성을 유지하려면 동물들에게는 더 폭력적인 방식의 공장식 축산이 불가피할 거예요. 싸게 많이 얻는 것이 결코 우리의 건강을 위한 선택이 아니라 결국은 우리를 망가뜨리는 주범이 되리라는 것을, 브라질의 젊은이들이 깨달은 것입니다.

그리고 2020년 영국의 대형마트 아스다^{ASDA}에서는 고기와 생선 판매대를 모두 없애기로 했습니다. 또한 런던에 있는 한 대학에서는 소고기를 사용한 음식도 금지했는데, 소고기가 온실가스 배출량을 늘리는 데 큰 원인이 된다는 것을 인지했기 때문입니다. 2019년 아마존에서는 가축을 기르는 토지를 확보하려는 사람들의 방화 때문에 대형 산불이 발생했습니다. 인간을 위한 풍족한 육류 생산이 결국 지구라는 행성에서 끊임없는 인재로 이어지고 있음을 방증합니다.

이 밖에도 국가별로 10퍼센트가 넘는 인구가 채식주의자인 나라로는 대만, 이탈리아, 호주, 캐나다, 이스라엘 등이 있어요. 이 수치 또한 급증하는 추세랍니다.

선각자들의 채식 이야기

"채식주의 식단보다 인류의 건강을 증진하고 지구 환경에서 살아남을 수 있는 기회를 많이 제공하는 것은 없다. 채식 음식은 우리의 본성에 깊은 인상을 남긴다. 전 세계가 채식주의를 채택하면 인류의 운명은 바뀔 수 있다."

이 말은 누가 했을까요? 지구 환경 문제나 인류의 운명까지 거론하며 채식을 이야기했네요. 채식을 개인의 음식 취향이라고만 생각하는 사람이라면 이런 표현이 너무 거창하다고 느낄 수 있을 거예요. 그러나 역사 속의 선각자들은 보통 사람들과는 분명 달랐던 것 같습니다. 그들의 역할일 수도 있지만, 세상을 보는 눈이 남다르다는 점은 분명해 보이네요. 이 말은 바로 아인슈타인Albert Einstein, 1879~1955이 했습니다.

아인슈타인은 물리학자이지만 인간의 기술적인 발전뿐만 아니

Albert Einstein

라 높은 도덕성을 늘 강조했어요. 그런데 인간성이 기술을 따라가
지 못해서 그것이 끔찍하다고도 표현했습니다. 그리고 아인슈타
인은 채식을 했지요. 그때만 해도 채식인이 세세하게 나눠지지 않
았고 '채식주의자'라는 단어만 있었기 때문에 채식에 대한 더 상세
한 설명은 없지만, 인간의 도덕성을 강조하며 채식을 했다는 사실
은 두고두고 사람들에게 생각할 거리를 던져 주고 있지요.

그리고 아인슈타인과 비슷한 시대를 살았던 인도의 간디

Mohandas Karamchand Gandhi, 1869~1948가 있습니다. 비폭력·무저항주의는 간디 이야기에 항상 따라 나오는 단어예요. 그의 인생을 다룬 영화 〈간디Gandhi〉의 첫 장면에도 나오지만, 남아프리카 공화국의 어느 기차 안에서 젊은 변호사인 간디가 쫓겨나게 되지요. 유색인종이 일등석에 탔기 때문입니다. 간디는 당시 영국 대법원 소속의 변호사였어요. 그의 지위가 차별을 극복시켜 줄 수단이 될 수도 있었지만, 피부색이 어둡다는 이유만으로 전형적인 인종 차별을 경험한 거예요. 그때 간디의 기분은 어땠을까요? 불합리한 일을 겪고 나니, 자신뿐만 아니라 다른 모든 차별받는 사람들을 위해 싸우고 싶은 마음이 들었을 것입니다.

세상의 많은 변화는 이런 불편한 상황에서 나오지요. 다들 편하기만 하면 무언가를 바꿔야 할 필요도 못 느끼고 의욕도 생기지 않을 거예요. 간디 역시 보고 듣기만 했던 일을 직접 겪고 나니 엄청난 동력이 생긴 것이지요. 그러나 간디는 차별과 폭력에도 폭력적인 방식으로 대응하지 않았습니다. 폭력에 대응하는 방식이 비폭력이라는 것은, 말처럼 쉬운 일이 아니지요. 그래도 간디는 자신의 언어로 사람들을 설득해 존엄을 지켰고 결국에는 폭력을 이기게 되었습니다.

평화를 지향했기 때문에 간디의 삶에서 채식은 아주 중요한 지침이었어요. 그는 "참맛은 혀에 있지 않고 마음에 있음을 알게 되었다."라고 말했어요. 채식이 간디의 이런 통찰에 영향을 미친 것입니다.

그리고 간디는 "한 나라의 위대함과 도덕성은 동물을 다루는 태도로 판단할 수 있다. 나는 나약한 동물일수록 인간의 잔인함으로부터 더욱 철저히 보호되어야만 한다고 생각한다."라는 말도 남겼지요. 그의 말에 비추어 본다면, 우리나라의 위대함과 도덕성 수준은 몇 점이나 될까요?

아인슈타인은, 앞으로 인류 앞에 간디와 같은 사람이 다시 나타나기는 힘들 것이라고도 했어요. 그런데 이들 역사적인 인물보다 더 이전에 레오나르도 다빈치Leonardo da Vinci, 1452~1519도 채식을 했지요. 다빈치는 제가 가장 좋아하는 인물인데, 인류 역사상 최고의 천재로 평가합니다. 화가, 조각가, 과학자, 음악가, 천문학자, 식물학자, 요리사 등등 많은 분야에서 활약했습니다. 게다가 당시에 동물권을 주장한 특별한 혜안까지 있었어요. "언젠가는 동물 죽이는 것을 사람을 죽이는 것과 똑같이 여길 날이 올 것이다."라고 말했어요. 아직 우리는 이 정도까지 공감 못 하겠지만, 아주 진보적인 그의 생각을 읽을 수 있는 대목이지요.

그리고 이들 인물보다 훨씬 이전인 고대 그리스의 소크라테스Socrates, B.C.470?~B.C.399 또한 채식한 것으로 유명한데 특히 음식을 과하지 않게 먹으며 늘 즐거운 마음으로 식사를 즐겼다고 합니다. "자연의 법칙을 따르는 이상적인 국가가 건설될 때는 육식이라는 것이 없었고, 개인의 욕심 때문에 고기 소비를 유지하고자 점점 많은 땅과 자원, 사람들이 필요해지고 결국은 이것들이 전쟁까지 만들어 낸다."라고 했습니다.

소크라테스의 이 말은, 현 인류가 겪는 문제를 마치 예지한 듯 보이기도 합니다. 자신의 신념이 그러했기 때문에 식사는 채식이 될 수밖에 없었을 테고, 아무리 추워도 동물을 이용해 얻은 털옷이나 가죽 등도 일절 입지 않았어요. 신발도 신지 않고 누더기를 입고 다닌 것으로도 유명합니다. 더우면 옷을 가볍게 입으면 되지만, 보일러도 없는 추위 속에서 그런 신념을 지켰다고 하는군요. 주위에서 다들 한마디씩 했겠죠? 그랬더니 소크라테스는 오히려 "너희가 신발이나 옷에 길들어서 불편한 게 아니냐? 난 이렇게 다니는 게 편하고 정신력도 단련돼서 더 좋다!"라고 했습니다. 다들 더는 뭐라고 할 말이 없었을 것 같습니다.

인간이라면 마땅히 채식하는 것이 옳다고 얘기했던 선각자들은 오랜 역사 속에 항상 존재해 왔습니다. 채식을 미래적이며 진보적인 생활 방식으로 여겼는데, 옛날 사람들이 오히려 채식을 선택했다는 점이 의아할 수도 있어요. 채식인으로 살았다는 점 자체 때문에 선각자라고 판단하는 것은 아닙니다. 인간의 삶에 얼마나 지대한 영향을 미친 사람들이었는지 그들의 지혜와 함께 이해해 본다면 더 좋겠습니다.

성장기에는 고기를 많이
먹어야 하지 않을까요?

　어린아이나 청소년 자녀를 둔 부모는 우리 아이가 남들보다 키도 작고 약해 보이면 걱정이 클 거예요. 그래서 고기를 많이 먹으면 빨리 자라고 건강할 거라고 생각합니다. 부모님 세대는 학교와 사회에서 그렇게 배웠기 때문이고, 우리도 그렇게 알고 있지요.

　그래서 성장을 위해서 고기를 많이 찾아 먹게 돼요. 그러면 의도한 대로 단백질 섭취는 많이 하겠지만, 그게 과하면 문제가 될 수 있습니다. 최근 증가하는 사회적인 질병에 성조숙증이라는 게 있지요. 정상적인 속도로 성장하는 것이 아니라 신체적 발달이 과도하게 빨라지는 것인데 여기에는 여러 문제가 동반하게 됩니다.

　가장 큰 문제는, 빨리 시작되는 성장과 더불어 성장판도 일찍 닫혀 노화도 빨라진다는 거예요. 어렸을 때는 키가 크고 우람해서 건강하게 잘 자라는 것처럼 보이지만, 성장할 수 있는 기간이 짧아집니다. 그렇게 되면 충분한 기간 성장하지 못해서 오히려 성인이 되었을 때는 평균보다 키가 작을 수도 있어요. 또한 몸으로만 보자면 성인이 빨리 되는 것이라서, 정신이 몸의 변화를 따라가지도 못할 수도 있지요. 게다가 주로 성인이나 노인에게 많이 생긴다고 해서 붙여진 성인병이라는 질병들이 젊은층에서도 많이 나타나고 있어요. 가공육, 패스트푸드 섭취도 성조숙증과 연관이 있습니다.

성장에 대한 과도한 우려를 동물성 단백질로만 해결하려다 보면 예기치 못한 문제들까지 겪게 될 수 있습니다. 따라서 무엇이든 과하지 않게 적당히 섭취하는 게 좋을 것 같아요. 사실 우리 몸이 건강하게 되면 건강한 음식이 자연스럽게 끌립니다. 일부러 어떤 음식을 찾아 먹지 않아도 자연스럽게 식생활을 즐기며 자연스럽게 건강한 삶을 살게 되는 것이지요.

2장   왜 채식을 할까?

동물 학대에 대한 자각

채식하는 다양한 이유가 있지만, 세계적으로 채식 인구가 증가하는 가장 큰 이유는 동물을 학대하고 착취하는 문제에 관한 심리적 고통에서 출발합니다.

오늘날 우리 식탁에 오르는 고기는 대부분 공장식 축산업으로 얻은 것들이에요. 옛날에는 명절 등 특별한 날에만 친척과 이웃들이 모여 고기를 나누어 먹었고, 더 과거에는 온종일 어렵게 사냥해서 얻은 생존을 위한 필수 식량이었죠. 그러나 이제는 마트에서 언제든 깨끗하게 진열된 고기를 쉽게 구매할 수 있어요. 손질할 필요도 없고 부위별로 구이용, 조림용, 국이나 찌개용 등 용도까지 친절하게 표기되어 있습니다. 고기 이전에는 이들도 숨을 쉬던 생명인데, 어떤 삶을 살다가 또 어떤 과정을 거쳐 이렇게 우리 앞에 포장되어 있는지 누구도 자세히 알지 못했습니다. 그 모든 과정이 우리가 볼 수 없는 곳에서 진행되기 때문에 그 시간들을 거슬러 고민해 볼 필요도 없었지요.

그런데 이제는 텔레비전 뉴스가 아니더라도 우리는 다양한 미디어로 세계 곳곳에서 일어나는 사건들을 시시각각 접하죠. 페타 PETA, People for the Ethical Treatment of Animals♦ 등 세계적인 동물 보호 단체나 동물권 활동가들이 촬영해 올린 동물들의 끔찍한 영상들 덕분에 사람들은 동물들의 참혹한 현실에 눈을 뜨게 되었어요.

현대의 공장식 축산업에서 가장 고통스럽거나 덜 비참한 동물은 따로 없을 정도입니다. 그래도 가장 먼저 언급해야 한다면 '소'가 아닐까 해요. 우리가 먹는 소고기 이전에 이들은 어미 소에게서 태어난 사랑스러운 송아지였지요. 송아지는 태어나자마자 어미 소에게서 분리됩니다. 그리고 연한 고기를 제공하려고 빛 하나 들지 않는 곳에 갇혀야 합니다. 어미 소의 마음은 어떨까요? 자식을 빼앗긴 슬픔에 몇 날 며칠을 울부짖지만, 이 소리는 우리에게 들리지 않습니다. 그래서 우리는 모릅니다.

◆ 동물을 윤리적으로 대우하는 사람들이라는 뜻으로 1980년에 설립되었다. 전 세계에서 약 200만 명의 회원이 활동하고 있으며, 동물에게도 생명으로서의 존엄성과 권리가 필요하다고 주장한다. 페타의 활동 목표는 '동물이 가장 극심하게 그리고 가장 오랫동안 고통을 겪는 네 가지 분야와 영역'에서 동물 학대를 철폐하는 것이다. 즉 공장식 축산, 동물 실험, 모피 농장, 인간의 오락을 위한 수단으로 사용되는 것에 반대한다. 홈페이지는 www.peta.org이다.

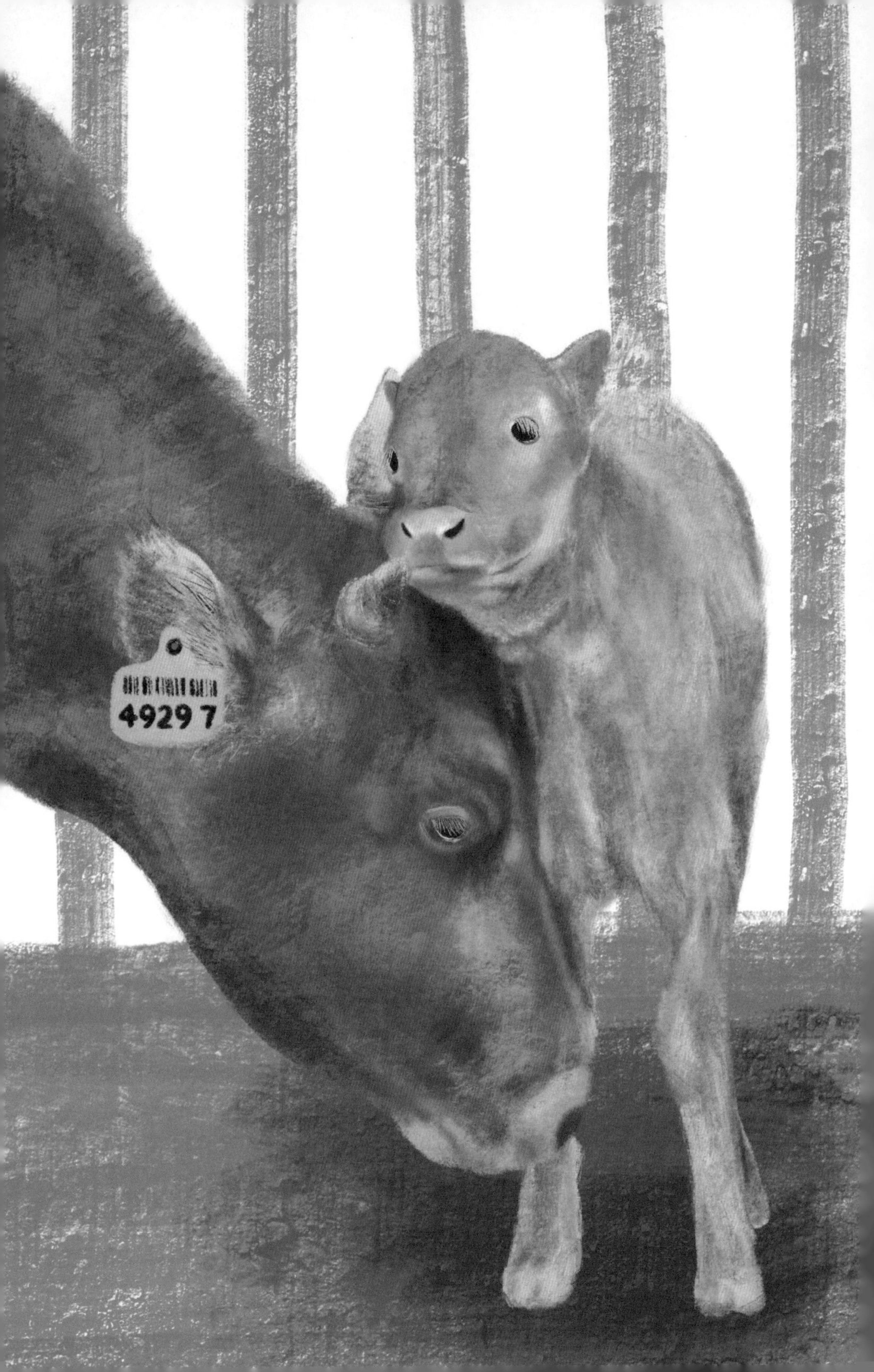
4929 7

태어나서 며칠 만에 또는 한 달 정도면 송아지들은 고급 고기 이름을 달고 포장됩니다. 태어나서 얼마 만에 죽었느냐에 따라 몸값이 달라지고 메뉴 이름이 달라지지요.◆ 그 송아지에게 먹이고 싶었던 어미의 젖은 송아지를 뺏은 인간을 위해 우유로 제공됩니다. 피눈물을 흘리는 어미 소의 마음은 고기나 우유를 찾는 우리에게 별로 중요하지 않아요.

송아지를 잃은 어미 소를 우리는 젖소라고 부릅니다. 젖소라고 하는 소의 종류가 따로 있는 것이 아닙니다. 강제 임신과 출산을 반복하며 젖을 짜내야 하는 삶을 살다가, 그마저도 생산하지 못하면 어미 소는 결국 햄버거의 육즙 흐르는 패티로 생을 마감해야 합니다.

공장식 축산업 현장에서 동물들이 겪는 비윤리적인 문제에 대해 사람들은 조금씩 깨닫게 되었지요. 어미 소와 송아지가 겪는 치유될 수 없는 마음의 상처는 뒤로 하더라도, 조금 전까지만 해도 살아 있던 생명이 도축되는 장면은 인도적인 예우 따위가 전혀 없는 오히려 인간의 잔인성을 드러내는 현실입니다. 거꾸로 매달린 소가 가죽이 벗겨지면서도 살기 위해 몸부림을 치는 장면, 다리가 잘

◆ 미국에서는 태어난 지 며칠 안 된 송아지라도 도축과 고기 판매를 허용하지만, 유럽 국가들 대부분은 1990년대 후반부터 금지하고 있다. 비윤리적인 방식의 고기 생산이 알려지면서 미국 내에서도 송아지 고기 소비는 점차 감소 추세에 있다.

리면서도 숨이 끊어지지 않아 고통 속에서 버둥거리는 영상을 접하게 되었을 때, 사람들은 전혀 상상도 하지 못했던 순간을 목격한 듯 충격을 받게 되지요.

같은 생명으로서 따뜻한 심장을 가진 사람이라면 죽음을 눈앞에 두고 있는 생명이 겪는 고통을 똑같이 느낄 수 있습니다. 몰랐을 때는 몰라서 느낄 수 없었던 문제를 알고 나니 그들의 고통을 외면할 수 없게 되었습니다. 인간에게 위대한 점이 있다면, 다른 생명을 지배할 수 있어서가 아니라 다른 모든 생명을 사랑하는 따뜻한 가슴이 있다는 것이 아닐까요? 노벨 문학상 수상자인 아이작 싱어 Isaac Bashevis Singer, 1903?~1991가 그의 소설에서 "나치가 유대인에게 한 짓은 인간이 동물에게 한 짓과 같다."라고 표현한 것은 인간과 동물의 관계를 분명하게 이해할 수 있게 해 줍니다.

어미 소와 송아지가 겪는 현실을 돼지나 닭, 오리 등도 겪습니다. 실제로 우리나라를 포함해 세계에서 가장 많이 소비되는 동물은 돼지입니다. 삼겹살, 족발, 햄, 소시지 모두 돼지라는 동물에게서 나온 다른 이름들이지요. 우리는 살아 있는 돼지를 볼 기회가 거의 없으므로 이들이 생명으로 어떤 특성이 있는지 알지 못합니다. 그저 먹을 것을 좋아해서 온종일 킁킁거리며 돌아다닐 거로 생각한다면 동화책에서나 본 그림이 아닐까요?

그러나 돼지는 돌고래, 침팬지, 코끼리와 더불어 가장 똑똑한 동물에 속합니다. 실제로 우리의 반려동물인 강아지가 알아 듣는 단어들을 돼지도 정확히 인지하며, 오히려 개나 고양이보다 학습 능력이 더 뛰어나다고 해요. 우리가 돼지에게서 이런 성향을 발견하는 게 쉽지 않은 이유는 돼지 대부분이 개나 고양이처럼 우리 주변에서 생활하는 동물이 아니고 고기를 생산하는 시스템에 갇혀 있기 때문입니다. 우리가 먹을 수 있는 동물, 먹으면 안 되는 동물을 구분하는 기준이 지능에 있지는 않을 거예요. 그러나 감정과 행위 또는 언어로 교감하는 동물을 더 가깝게 느끼는 것은 분명합니다. 돼지가 비좁은 사육장에서 나와 풀밭을 자유롭게 뛰어놀 수 있다면, 우리는 그들의 총명함도 알아볼 수 있을 것입니다.

이렇듯 동물을 하나의 생명이 아니라 공산품처럼 취급되는 시스템은 사랑과 자비로움을 지닌 인간에게는 큰 아픔이지요. 인간이 동물에게 가하는 폭력성은 자연의 질서나 이치에도 맞지 않습니다. 동물은 인간에게 가혹하게 다루어지고 그 잔인함은 공장식 축산업이라는 사회의 묵인된 시스템 안에서 체계적으로 포장되고 있습니다.

간혹 사람들은 공장식 축산에 대해서 이렇게 말합니다. 동물을 가두어 키우기는 하지만 야생에서보다는 안전할 것이라고요. 동물들은 직접 먹이를 구할 필요도 없이 음식을 제공받으니 동물들한테도 좋은 일이 아니냐고 말이지요. 그리고 어차피 한 번 죽을 운명, 그렇게 편하게 살다 가는 게 낫지 않겠느냐고 말합니다. 그런 삶을 제공받을 수 있다면 우리도 기꺼이 축산 공장에서 사육되고 도살되고 싶은 마음일까요?

동물이 고기로 포장되려고 겪어야 하는 도살 과정이, 행복하고 아름다운 죽음이라고 생각하는 사람은 없을 거예요. 모든 생명은 살고자 하며, 그 삶을 인위적으로 끊는 데에는 고통스러운 과정이 개입되어야 합니다. 그런데도 우리는 마음이 불편한 게 싫어서 무의식적으로 동물의 죽음을 합리화시킵니다. 고기를 먹음으로 일정 부분 동물의 도살에 힘을 보탰다는 사실을 인정하고 싶지 않을 수도 있습니다.

그래서 사람들은 이러한 문제가 불거지면 더 강한 저항감으로, 동물권 운동을 하거나 채식하는 사람들을 비난하기도 합니다. 페타와 같은 단체들은 궁극적으로는 인간의 폭력에서 동물을 해방시키려고 하기 때문에, 사람들에게 직접적인 충격을 주는 방식을 선택합니다. 표현 방식을 그렇게 정했다기보다 분노하고 개탄할 수밖에 없는 현실에서 어쩔 수 없는 선택일 수도 있습니다. 언어를 순화해 표현하기에는 시시각각 너무 많은 동물이 인간에게 희생되고, 시간만 흐르고, 사람들은 흘려듣기만 할 테니까요.

2019년에 페타는 제주도 경주마 도축 사건을 녹화해 폭로하기도 했습니다. 이 단체가 폭로한 도축 영상에는 경마장에서 다쳤거나 성적을 내지 못한 말들을 잔인하게 도축하는 실태가 고스란히 담겼어요. 다른 말들이 보는 앞에서 도축이 이루어지고, 이를 본 말들은 공포에 질려 발버둥치는 모습도 보였습니다.

그러나 드러내 알리고자 하는 동물 문제가 아무리 옳다고 하더라도 표현 방식이 자극적이기 때문에 사람들은 저항감을 느끼기도 합니다. 보고 싶지 않은 장면을 맞닥뜨려야 했을 때 그 진실에 다가가기보다는 멈칫하는 마음이 드는 것이지요. 동물 문제를 통해 우리의 가장 부끄러운 곳이 드러나 외면하고 싶은 마음일 것입니다. 자신은 도덕적인 결함이 없는 사람이 되고 싶은데, 어쩔 수 없이 자꾸 코너에 몰리는 기분이 들기 때문입니다.

하지만 살아 있는 생명이라면 똑같이 느끼는 동물의 처참한 현실을 눈으로 보고서야 비로소 깨닫게 되기도 합니다. 그러한 자극이 없다면 평생을 가도 모르고 살 테니까요. 동물의 고통을 알고 나서야 생명의 가치를 깨닫게 되고, 동물의 생명도 소중함을 알게 됩니다. 그리고 결국에는 나 자신이야말로 세상을 바꿀 힘이 있다는 것을 알게 되지요. 그것은 행동할 의지이자 능력입니다. 인간의 능력은 머리로 아는 것만이 아닌 행동할 수 있을 때 가치가 드러나는 법이니까요.

처참하게 죽어가는 동물들의 동영상 하나를 접했다고 당장 마음을 바꾸고 식생활 전체를 바꾸기란 쉽지 않습니다. 많은 사람은 서서히 노력하는 방식을 선택합니다. 그만큼 우리의 입맛은 오랜 시간을 거쳐 길들여졌고 자극적인 맛에 노출되어 왔기 때문입니다.

동물들의 비참한 현실은 많은 사람이 채식을 결심하는 결정적인 계기가 됩니다. 고기를 먹고 안 먹고를 떠나서 동물들이 고통당하는 것에 더는 힘을 보태고 싶지 않기 때문입니다.

동물권을 옹호하는 사람들이 인권 문제에 대해서 소홀하다는 편견이 있기도 하지만, 동물권과 인권은 서로 다르지 않습니다. 상대적으로 약자였던 존재에게 권리를 부여하는 것은 사회적으로 정의의 폭을 넓히는 일이에요. 인종 차별 반대 운동을 한다고 해서 여성 차별에 무관심한 것이 아니며, 성 소수자 차별 반대 운동만 한다고 해서 아동 학대 문제를 등한시하는 것이 아닙니다. 말 못 하는 동물들의 고통을 줄여야 한다는 목소리를 내는 것은, 인간으로서 겪었던 고통의 경험에 기반을 두고 같은 생명으로서 평화로운 삶을 누리자는 뜻이랍니다.

동물권 단체들의 이런 노력이 없었다면 우리는 식탁 위에 오른 고기가 애초에 어떤 식으로 사육된 동물인지, 어떤 잔인한 과정을 거치는지 알 길이 없었을 거예요. 어두운 커튼으로 가려진 도살장의 문을 과감하게 열어 보여 준 용기 덕분에, 세상은 결국 그들이 목표로 하는 동물 해방으로 가고 있다고 보입니다. 동물이 처한 현실에 깊은 연민을 느끼는 사람들은 결국 채식이 답이라는 결론에 도달합니다. 채식이야말로 자신이 가장 효과적으로 보여 줄 수 있는 해방 운동의 실천입니다.

종교적 신념

건강에 아무리 좋다고 해도, 아무리 입맛에 맞다 해도, 종교적 가르침에 어긋나는 음식이 있다면 엄격하게 배제하는 것이 종교의 힘이에요. 종교는 같은 신념을 가진 사람들을 화합시키기도 하지만 역사적으로 보면 수많은 전쟁을 불사하게 만들기도 했습니다. 그만큼 종교는 어느 쪽으로든 사람들을 움직이게 하는 큰 원동력입니다.

우리나라에서는 종교적인 신념으로 채식을 선택하는 비율이 아주 낮은 편이에요. 그렇더라도 채식과 관련해서 우리가 가장 먼저 떠올릴 수 있는 종교는 불교일 것입니다. 부처님은 살생하지 말라고 가르쳤지요. 그래서 승려들은 고기를 먹지 않는다고 알고 있습니다. 살생하지 말라는 가르침을 제대로 따른다는 것은, 우리 눈앞에 보이는 생명을 죽이지 않는 것은 두말할 것도 없고, 보이지 않는 곳에서 사람들 손에 죽임당하는 동물들까지 생각해야 합니다.

"어떠한 생명체라도 약한 것이건 강한 것이건, 큰 것이건 중간 것이건, 제아무리 미미하고 보잘것없는 것일지라도, 눈에 보이는 것이나 보이지 않는 것이나, 멀리 있는 것이나 가까이 있는 것이나, 이미 태어난 것이나 앞으로 태어나는 것이나, 살아 있는 모든 것은 다 행복하라. 남을 속여서도 안 된다. 또 남을 멸시해서도 안 된다. 남을 괴롭히거나 고통을 주어서는 더욱 안 된다. 어머니가 목숨을 걸고 하나뿐인 자식을 보호하듯 살아 있는 모든 것에 한없는 자애를 베풀지어다."

초기 불교 경전에 나오는 이야기입니다. 살아 있는 모든 생명에 대해 연민을 갖고 그들에게 고통을 주어서는 안 된다고 합니다. 더 나아가 그들에게 사랑을 베풀라고 합니다. 그러자면 살아 있는 생명에서 얻은 것들을 음식으로 쓴다는 것은 정말 어불성설이겠지요.

이러한 가르침 덕분에 불교계에서는 채식을 기본으로 합니다. 절에서는 식사를 공양이라고 하는데 스님들의 공양은 채식 반찬을 위주로 만듭니다. 일반 신도들이 공양 시간에 함께 하더라도 대부분 소박한 채식 반찬에서 벗어나지 않습니다.

또한 수행자들은 수행에 방해된다며 오신채五辛菜를 금하기도 하죠. 오신채란 다섯 가지 자극이 강한 채소를 일컫는데 파, 마늘, 부추, 달래, 흥거입니다. 다만 백합과인 흥거는 우리나라에서는 쓰지 않는 식재료라서 흥거 대신 양파를 포함시키지요. 이들은 성질이 맵고 향이 강하기 때문에 마음을 흩뜨려 수행에 방해가 된다고 봅니다. 그래서 이 다섯 가지 채소를 뺀 무無오신채 식사를 합니다. 늘 마음을 고요하게 유지하며 부처님의 가르침에 따라 깨달음으로 정진해야 할 스님들이, 강한 음식을 먹고 세속적인 욕심이 일어난다면 안 되겠지요? 고기를 먹지 않고 채식하는 것도 무척 힘든 일인데, 한국 음식에 흔하게 들어가는 이 채소까지 빼게 되면 더더욱 엄격한 채식이 될 거예요.

그런데 불교계에서 신도들에게 반드시 채식해야 한다고 가르치지 않기 때문에 실제로 채식하는 사람들은 개인적인 신념으로 식사 제한을 하는 경우가 많습니다. 가르침을 받들어 실천하는 행위에 괴리감을 느끼지 않으려면, 완벽한 채식 생활은 어렵다고 하더라도 노력하는 자세 정도는 필요하지 않을까 생각해요.

그런데 아무리 불교라고 하더라도 채소가 나오지 않는 지역에서 산다면 현실적으로 채식은 무척 어려울 거예요. 티베트라는 나라가 그렇습니다. 현재는 중국이 침략해서 자치구로 점령하고 있지만 티베트 사람들은 세계 곳곳으로 망명해 여전히 독립운동을 하고 있지요.

티베트는 불교의 색채가 매우 강한 나라입니다. 그런데 고도가 무척 높아서 한여름을 제외하고는 채소를 접하기가 매우 힘들어요. 불가피하게 고기를 먹어야 하는데, 그럴 때면 티베트고원에 서식하는 야크Yak♦를 주로 도축합니다. 티베트 사람들은 불가피하게 다른 생명을 죽이게 될 때는 엄숙한 과정을 거쳐 진행하고 있어요. 먼저 희생당할 수밖에 없는 동물을 위해 기도를 올린 후에, 숭고한 희생에 감사하는 마음으로 도축합니다. 야크가 아닌 다른 동물을 살생할 때도 가급적이면 작은 생명 여럿을 해치는 것보다 큰 동물 하나로 많은 사람이 나누도록 하는 것이 티베트 사람들의 일상에 깔린 생각입니다. 동물의 몸집이 크거나 작거나 모두 위아래 구분 없이 같은 영혼, 하나의 생명체로 존중하는 마음이지요.

세상의 모든 종교 중에서 가장 엄격한 채식을 하는 종교는 인도의 '자이나교Jainism'입니다. 불교와 비슷한 시기에 탄생한 종교이면서 영혼의 실재를 인정하고 해탈을 위한 수행을 하지요. 그리고 '아힘사Ahimsa'라고 하는 살생하지 않는 계율을 가장 중시하기 때문에 굉장히 엄격하게 이를 지키고자 합니다.

농작물을 키울 때 잎이나 열매를 갉아 먹는 해충도 죽여서는 안 되고, 대화하거나 호흡할 때도 날벌레가 입으로 들어가 죽을 수 있으므로 수건으로 입을 가립니다. 수행자들은 마스크처럼 생긴 방

♦ 소와 비슷하게 생겼고 고원에 사는 동물이다. 어깨의 높이는 2미터 정도이며 몸 전체에 긴 털이 나 있다. 야생종 야크의 털빛은 검은빛에 가까운 갈색이다. 가축으로 이용할 때는 주로 짐 운반을 도우며, 고기와 젖은 식용으로, 털은 직물로 쓴다. 티베트고원이나 북인도·히말라야 지방이 서식지다.

충망으로 얼굴을 가리고 다니지요. 걸을 때는 개미 같은 벌레를 밟을 수 있으므로 빗자루로 조심스럽게 앞을 쓸면서 걸어야 합니다. 게다가 감자나 양파 등을 캘 때는 본의 아니게 흙에서 달려오는 생물이 죽기 때문에 뿌리식물도 먹지 않습니다. 실제로 제가 인도를 여행하면서 기내식으로 자이나교도식 도시락을 주문한 적이 있는데, 거기에는 곡물로 만든 인도식 빵과 과일만 있었어요. 처음에는 일반 채식과 무엇이 다른지 몰랐지만 감자, 당근, 양파 등이 없다는 것을 나중에야 알게 되었습니다.

이렇듯 자이나교는 삶 자체가 수행이며 지켜야 하는 계율이 일반인의 삶에서 보면 매우 엄격해서, 널리 전파되기가 힘들었을지도 모르겠네요. 반면 종교라는 명목을 내세워 서로 전쟁을 하고 살생을 저지르는 것보다는 훨씬 윤리적이지 않을까 하는 생각도 듭니다. 어떻든 인도의 자이나교도들은 엄격한 채식의 이유로 학생이나 직장인도 집에서 도시락을 싸서 다닌다고 해요.

인도만큼 영향력 있는 종교가 탄생한 나라 이스라엘의 경우, 국민의 75퍼센트가 유대교를 믿고 있지요. 세계적으로 유대교라는 종교인의 수만 보면 다른 종교보다 매우 적다고 할 수 있습니다. 그러나 유대교는 기독교와 이슬람교에 미친 영향이 크기 때문에 세계 종교를 거론할 때 빼놓을 수 없습니다.

현대 유대교에서 큰 존경을 받았던 영적 지도자 랍비* 아브라함 이삭 하코헨 쿡Abraham Isaac Hakohen Kook, 1865~1935은 "모든 피조물에 대하여 자비로우신 하느님께서는 잡아먹기 위하여 동물을 죽이는 것을 허락하시지는 않을 것"이라고 말했습니다. 더불어 "도덕적이고 지성적인 진전을 통하여 시기가 무르익으면 동물 왕국에 대한 정의를 구현하고자 하는 잠재적인 열망이 공공연하게 될 것이다."라고도 했지요.

유대교에서는 식품의 재료 선택부터 무척 까다로운 편인데, 유대교의 율법에 따라 먹을 수 있도록 인증 받은 식품은 코셔Kosher♦♦ 마크가 붙지요. 코셔 인증은 굉장히 까다로워서 그만큼 소비자들의 신뢰도가 높습니다. 코셔 자체가 채식을 뜻하지는 않아요. 그러나 어류나 육류는 코셔로 분류되거나 아니거나 하는 등의 기준이 필요하지만 과일과 채소는 모두 코셔로 봅니다. 그래서 채식을 선호하기도 하지요. 이스라엘의 텔아비브Tel Aviv에는 400개 이상의 비건

♦ 랍비란 히브리어로 유대교의 율법학자 또는 존경받는 선생을 일컫는 말이다. 유대교의 가르침에 따라 살도록 지도하는 선생을 부르는 존칭으로 사용된다.

♦♦ 코셔Kosher는 히브리어로 '적합한', '적절한', '합당한' 등의 뜻이 있으며, 코셔 음식이란 유대교의 율법에 맞는 식재료로 율법에 맞게 조리한 것을 뜻한다. 이스라엘에서 유통되고 수입되는 식료품은 이스라엘 랍비청의 코셔 인증이 필요한데, 채소와 과일은 모두 코셔이며 어류는 지느러미와 비늘이 동시에 있어야 한다. 조류의 경우 닭이나 칠면조 등은 가능하지만 야생 조류나 육식성 조류는 코셔로 보지 않는다. 가축 도축 시에는 유대교의 율법학자인 랍비가 입회해야 하며, 병에 걸리지 않은 동물을 고통 없이 죽이고 소금으로 문질러 피를 제거한 후 고기를 먹을 수 있는 등 한국인의 식문화에 비하면 코셔의 세부 조항들이 복잡하게 여겨질 수 있다.

다양한 코셔 인증 마크 중 하나.

레스토랑이 있습니다. 채소, 과일, 콩을 생산하는 농업 강국인데다 자급률도 90퍼센트가 넘어서 채식 식생활을 하기에 무척 좋은 환경이에요.

　1994년 가톨릭은 개정 교리 문답에서 "동물은 식물 및 무생물과 마찬가지로 과거, 현재, 미래 인류의 공공선을 위해 존재할 운명을 타고났다."라고 공표했습니다. 이는 인간인 우리가 다른 생명체나 무생물까지도 어떻게 다루어야 하는가를 추상적으로나마 얘기하고 있습니다. 인간이 가장 우월한 존재라는 교만함으로 다른 동물들을 억압하고 착취하는 구조였다면, 이제는 모두가 평화롭게 공존하는 방식이어야 한다는 점이지요.

종교적 신념에 관계없이 전 세계의 많은 사람은 이제, 음식 자체 뿐만 아니라 음식의 재료가 되는 동식물이 어떻게 길러지고 어떤 과정을 거쳐 유통되어 내 앞에 오게 되는지 관심을 갖기 시작했습니다. 이 또한 종교에 못지않은 자신만의 신념이라 할 수 있겠지요. 이렇게 윤리적인 소비를 자신의 소중한 정체성으로 여기는 사람들은, 음식의 선택이 개인의 영역을 넘어 이 사회와 세계의 조화로운 공존에 기여한다고 믿고 있습니다.

지구 온난화, 환경 파괴에 대한 우려

2019년 12월 발생한 코로나19 팬데믹으로 세계는 우리가 전혀 상상하지 못한 쪽으로 바뀌고 있습니다. 감염병의 전 세계적인 확산은 지구 전체가 커다란 공동체라는 것을 역설적으로 보여 주고 있습니다. 우리는 각자 개별적으로 존재하는 것처럼 보이지만 지구라는 땅 위에서 모두가 긴밀하게 연결되어 있다는 것입니다. 거대한 생명체인 지구에서 우리가 살아 숨 쉬고 있다는 것을, 보이지 않는 바이러스를 통해 더욱 뼈저리게 체감했습니다.

지구라는 생명은 인간 동물, 비인간 동물들, 수많은 식물, 무생물들로 구성되어 있고 이들은 불가분의 관계를 맺고 있습니다. 어느 하나도 따로 떼어 놓고 볼 수 없습니다. 어느 것도 독립적으로 존재하거나 우월한 위치에서 지배하는 구조가 아니라는 뜻이에요.

같은 맥락에서, 지구가 겪는 기후 위기를 피부로 느끼는 시대입니다. 지구가 질병을 겪고 있다면, 그 안의 유기체 중 하나인 우리 인간도 당연히 같은 질병을 앓게 됩니다. 건강할 때는 삶의 소중함을 모르다가 조금이라도 아파 보면 일상 하나하나가 얼마나 소중한지 깨닫게 되지요. 이러한 자각이 있는 사람들은 결국 해결책으로 채식을 선택하게 됩니다. 지구가 아픈데 우리가 채식하는 것이 왜 치료 방법이 될까요? 얼른 와 닿지 않을 수 있을 거예요. 차근차근 설명하도록 하겠습니다.

사람들은 우리의 생존이 사회 조직과 국가에 의해 이루어지는 일이라고 생각합니다. 건설업체가 지어 놓은 아파트에서 살고, 자동차를 이용하고, 음식은 식당에서 해결할 수 있고, 물은 수도를 틀면 바로 나오고, 공기야 가끔 황사나 미세 먼지 문제가 있지만, 숨을 못 쉬어서 죽을 정도는 아니라고 생각하지요. 몰래 쓰레기를 버린다고 해도 누군가 치울 거로 생각합니다.

하지만 잘 들여다보면 우리가 그런 혜택을 누리고 안전하게 살 수 있는 것은 '지구'라는 땅이 있기 때문입니다. 아파트를 짓고 자동차를 만들 수 있는 것도 지구의 광물 덕분이고, 모든 신선한 채소와 과일 또한 땅과 햇빛, 비가 내려야 가능한 일입니다. 페트병에 담긴 생수나 정수기를 통해 흘러나오는 물은 빗방울이 냇가로 강으로 바다로 흘러가 다시 하늘로 오르는 순환 과정에서 얻어지는 것들입니다. 우리가 누리는 다른 것들을 상상해 보아도 좋아요. 공장에서 만드는 공산품이라고 하더라도 지구 밖에서 얻어지는 것들은 없습니다.

더 이해하기 쉽게 비유를 해 볼까요? 좋으나 싫으나 온갖 종류의 세균, 바이러스 등은 우리 몸에 함께 살고 있습니다. 어떤 것들은 유익하기도 하고 어떤 것들은 치명적인 통증이나 질병을 일으키기도 하지요. 우리는 건강을 위해 좋은 음식을 먹고 운동도 합니다. 그렇더라도 의도와는 상관없이 보이지도 않는 세균의 활동으로 몸이 아프기도 하지요. 우리 몸과 각종 미생물과의 관계는, 지구와 그 안에 사는 다양한 생물들과의 관계와 다르지 않아요. 만약 한 인간이 삶을 다하면 그 몸에 빌붙어 살던 미생물도 더는 살아남지 못하지요. 그렇듯이 지구가 삶을 다하면 거기에 발을 딛고 사는 우리도 더는 살아갈 수 없을 것입니다.

우리는 이러한 상상을 해 본 적이 없습니다. 왜냐하면 지구는 간혹 폭염과 한파, 지진, 해일이라는 몸살을 앓기도 하지만 조금 지나고 나면 괜찮은 듯 보이니까요. 또 열이 나고 아파도 시간이 지나면 괜찮을 것이라고 믿고 있어요. 사실 우리는 지구를 보지 않고 사회 시스템을 보며 살아왔기 때문에 지구가 겪는 문제를 생각하기 어려웠을지도 모릅니다.

가장 지구를 아프게 하는 것은 바로 대규모 축산업이에요. 전통적인 방식에서 동물들은 인간이 먹지 않는 것들을 먹었고, 인간보다 힘이 세서 대신 땅을 일궈 주기도 했고, 그들의 배설물조차 연료로 쓰이거나 땅에 필요한 영양소가 되어 주었습니다. 인간과 함께 하는 동물이 환경을 오염시킨다는 것은 상상도 할 수 없었지요.

엄밀히 말하자면 동물은 그럴 의도가 전혀 없을 거예요. 동물들도 원하지 않겠지만 공장식 축산업이라는 시스템에 갇혀 버렸기 때문에 문제가 생겨난 것이지요. 축산을 위해 따로 곡물을 재배해야 하는데, 마을 들판 정도의 땅으로는 어림도 없게 되었어요. 경작지를 늘리기 위해 숲을 파괴하고 그곳에 더 빨리 더 많은 작물을 재배했습니다. 믿기지 않는 일이지만 세상에는 아직도 한 끼 밥도 제대로 먹지 못해 굶주림으로 죽어가는 사람이 많은데, 많은 작물을 재배해서 공장에 갇힌 수천수만의 동물들에게 먹이고 있습니다. 공장식 축산업은 엄청난 양의 물과 곡물을 소비해야 하지요. 물의 양만 보더라도 1킬로그램의 토마토를 생산하는 데 쓰이는 물보다 소고기 1킬로그램을 얻는 데 230배나 많은 물이 필요합니다.

실제로 미국에서는 육류 생산으로 사용하는 물의 양이, 미국 전체에서 과일과 채소를 키우는 데 필요한 물의 양보다 많다고 합니다. 그뿐만 아니라 미국의 곡물 재배지에서는 인간이 먹는 곡식보다 공장식 축산 농장과 축사에 있는 동물들의 사료를 더욱 많이 생산한다고 해요.◆

자연 상태에서 살아가는 동물들의 배설물은 환경을 오염시킬 일이 전혀 없지만 공장식 축산업에서 배출하는 분뇨는 땅과 물까지

◆   존 로빈스, 《음식혁명》, 300쪽, 안의정 옮김, 시공사, 2020.

오염시키고 있어요. 물은 우리 목을 축이고 순환하면서 지구를 정화하는 작용까지 하지만, 그 물이 오염되니 지구의 자정 작용은 더욱 힘겨운 일이 되어 버렸습니다.

그리고 공장에 갇힌 동물들에게서 더 많은 고기를 얻어내려면 더 많이 번식시키고 더 빨리 자라게 하고 더 빨리 도축을 해야겠지요. 흙을 밟고 살았던 동물들은 시멘트 바닥에서 고기로 태어나고 고기로 죽어가는 과정을 되풀이합니다. 어미와 새끼의 관계는 무시되고 공산품처럼 취급됩니다.

이러한 문제들을 인식하게 된 사람들은 채식 위주의 식사를 선택하는 것만이 공장식 축산에서 고통당하는 동물을 줄이고, 물과 땅의 오염도 줄일 것이라는 믿음이 있습니다. 우리 눈앞에는 맑고 투명한 생수병이 각각 브랜드를 달고 진열되어 있지만, 우리가 물을 이런 식으로 소비하게 되리라고는 상상도 하지 못했습니다.

그런데 가장 심각한 것은 바로 기후 변화예요. 우리는 더우면 에어컨을 켜고 추우면 보일러가 빵빵하게 돌아가는 실내에서 생활합니다. 지하철만 타도 냉난방 시설이 워낙 완벽해서 우리가 얼마나 기후 변화에 취약한 존재인지 깨닫지 못하지요. 더우면 더운 대로 추우면 추운 대로 그만한 해결책이 있을 거라고 믿고 있습니다.

또한 지구의 기온이 섭씨 1도 상승하는 문제를 두고, 겨우 그 정도 갖고 뭐가 얼마나 달라질까 생각할 수도 있습니다. 그러나 그 1도 때문에 물은 얼기도 하고 끓기도 합니다. 지금 우리는 지구 온난화를 겪고 있지요. 먼 미래의 새로운 인류가 지금의 우리를 이야기한다면, 지구가 고열로 몸살이 났는데도 어떤 노력도 하지 않고 지구를 병들게 한 어리석은 선조들이었다고 비난할지도 모르겠어요.

최근 100년 동안 벌어진 기후 변화는, 자연 상태에서라면 1만 년의 시간이 필요할 정도라고 해요. 그만큼 큰 변화가 급격하게 일어난 것이죠. 빙하가 녹으면서 극지방의 동물들은 설 땅을 잃고, 그 때문에 바닷물이 높아져 사람이 사는 땅도 점점 바다에 잠기는 실정입니다. 폭염, 폭설, 가뭄, 혹한과 홍수 등 극단적인 기후가 세계 곳곳에서 시도 때도 없이 일어나며, 많은 동식물이 희생당하고 있습니다.

지구가 이런 유례없는 고열에 시달리는 이유 중 하나가 바로 공장식 축산업이라는 점이 많은 환경 운동가들을 슬프게 합니다. 현대적 시스템 안의 육류 생산이 이산화탄소와 그 밖의 온실가스를 대량으로 배출하게 한다는 데에는 축산업 관련 과학자들조차 동의하는 문제입니다.[*] 그토록 인간 스스로가 존엄한 존재라고 믿어 의심치 않으면서, 우리를 건강하게 해 줄 땅과 숲을 파괴하면서까지 곡식을 심고, 그 곡식을 결국 축산업에 갖다 바친 결과로 돌아온 것이 지구 온난화라는 이야기입니다. 같은 양의 단백질을 콩이나 옥수수로 얻는 사람보다 소고기에서 얻는 사람이 18배나 많은 이산화탄소를 배출하게 된다는 점을 보면, 지구를 건강하게 하는

데 동참하는 것이 채식이라는 답을 얻기도 합니다.

노벨 평화상을 받은 인도의 라젠드라 파차우리Rajendra K. Pachauri, 1940~2020는 소고기 1킬로그램을 생산하는 과정에서 이산화탄소가 36.4킬로그램이 발생한다고 했습니다. 이는 승용차로 250킬로미터를 주행할 때 나오는 양이라고 하지요. 따라서 자동차 운행을 줄이는 것보다 고기 소비량을 줄이는 것이 지구 온난화 방지에 더욱 효과적이라고 강조했어요.

게다가 소고기 1킬로그램을 생산하는 데에는 1리터 생수 1만 5천 개가 필요하고, 전 세계에서 생산된 곡물의 45퍼센트가 공장식 축산업에 소비되고 있습니다. 정작 인간은 물 부족, 식량 부족 사태를 겪고 있는데, 고기를 얻으려고 그 많은 자원을 낭비합니다. 결코 가성비가 좋다고 볼 수 없겠지요.

이러한 문제를 인식한 사람들은 채식을 가장 적극적인 해결책으로 봅니다. 고기를 소비하지 않음으로써 또는 고기를 덜 소비함으로써 당장은 축산업으로 희생되는 동물을 구할 수 있을 것입니다. 인류의 식량 문제도 상당 부분 해결할 수 있을 거예요. 또한 대

◆ "종류를 막론하고 식품을 생산하기 위해서는 에너지가 필요한데, 에너지원을 석탄, 석유, 가스에 의존하면 어쩔 수 없이 이산화탄소를 대기로 배출하게 된다. 이산화탄소 배출량은 생산하는 식품이 무엇이냐에 따라 차이가 난다. 화석연료를 사용하여 소고기에서 1칼로리의 단백질을 생산하기 위해서는 화석연료 54칼로리를 태워야 하는 반면, 콩에서 1칼로리의 단백질을 생산하기 위해서는 2칼로리만 태우면 된다." 존 로빈스, 《음식혁명》, 333쪽, 안의정 옮김, 시공사, 2020.

규모 축산업의 동물들을 먹여 살리느라 아마존 같은 열대 우림을 파괴하지 않아도 되니, 숲이라는 지구의 커다란 공기 청정기도 잘 작동하게 하는 셈이지요. 그렇게 되면 그동안 고열에 시달리던 지구도 열이 내릴 거예요. 그리고 우리는 더욱 건강한 지구의 품에서 안전하게 살 수 있을 것입니다.

건강과 다이어트

　동물 학대와 지구 환경에 대한 고민 등이 '나'의 영역을 넘어선 '외부'에 대한 반응이라고 한다면 건강이나 식성, 다이어트 문제는 가장 본질적인 개인 선택권에 대한 문제입니다. 개개인에게는 이 것만큼 중요한 것이 없겠지요.

　먼저 건강 측면에서 채식을 선택한 사람들의 예입니다. 사실 이 들 중 자발적으로 채식을 선택한 경우는 거의 없습니다. 왜냐하면 우리의 오래된 교육에서는 단백질이야말로 인체에 필요한 가장 중요한 영양소이며 그것을 보충하는 데에는 고기만 한 게 없다고 가르쳐왔기 때문이지요. 단백질, 즉 고기를 먹으면 힘이 나고 근육 이 생기고 건강해진다는 논리가 아주 많은 사람의 뇌리에 깊이 박 혀 있어요. 암, 뇌심혈관계 질환, 골다공증 등의 발생률이나 여드 름, 아토피 등 피부질환, 소화기 질환과 비만까지 육류 섭취와 비례하여 높아진다는 연구 결과는 많이 들어왔지만, 그래도 고기는 먹어야 한다는 생각에는 변함이 없어 보입니다.

그래서 고기를 충분히 먹고 운동도 열심히 해서 건강하다고 자부했던 몸에 문제가 생겨 병원에 가 보니, 오히려 과도한 동물성 단백질 식사 습관 때문에 여러 질병에 노출되어 있었다는 것을 알고 채식을 하게 되는 경우입니다.

이는 어느 특정한 개인의 문제가 아닙니다. 우리는 단백질 신화에 빠져 있어 고기를 먹지 않으면 큰일 나는 줄 알고 있어요. 그러한 과거의 보편적 인식이, 이제는 오히려 많은 독을 만들고 있음을 알게 되어 채식을 실천하는 사람이 많아졌습니다.

전문적인 지식을 갖춘 의료인들이 모여 보다 적극적으로 활동하기도 합니다.[◆] 의료인들은 누구보다 객관적인 데이터를 중요하게 여기는 경향이 크지요. 근거 없는 막연한 믿음으로 의료 지식을 전달하지 않는다는 면에서 사람들의 관심과 기대를 받습니다. 과학자들 또한 동물성 식품이 절대 건강에 이롭지 않다는 연구 결과들을 발표하고 있어요. 그런데도 육식이 건강 상식이라고 믿어 의심치 않았던 사람들의 생각은 좀처럼 바뀌기 어려워 보입니다. 그만

◆ 베지닥터[www.vegedoctor.org]는 의사, 치의사, 한의사, 수의사로 구성된 채식하는 의사들의 모임이다. 채식에 관한 지식과 치료 경험을 공유하고, 질병의 예방과 치료에 도움이 되고 생명의 존엄성을 일깨워 인류의 건강 증진과 환경 보호에 이바지하는 데에 뜻을 같이 한다.

큼 기존 교육으로 형성된 견고한 생각은 일종의 믿음처럼 작용합니다. 그럴수록 채식하는 의료인들은 채식의 의학적 근거를 계속 확보하고 적극적으로 알리는 데에 주력하고 있습니다.

그리고 건강과 다이어트는 사실 다르지 않은 문제예요. 먹는 것이 우리의 몸이 되는 것은 당연한 이치이기 때문입니다. 건강한 음식을 먹으면 건강한 몸이 되고, 건강한 몸에서 건강한 생각이 나오고, 건강한 생각은 건강한 삶을 살게 하지요. 다이어트라는 단어만 보아도 거기에 건강을 위한다는 목적이 있어요. 불필요한 살을 빼려고 무리하게 무조건 적게 먹는다면 원래 다이어트의 개념에는 적합하지 않을 수도 있습니다.

채식이 곧 다이어트도 아닙니다. 뚱뚱한 채식인도 많고, 건강하지 못한 채식 방법도 있지요. 그런데도 이전의 과도한 육식보다는 조금이나마 건강한 방식이라는 데에는 의심의 여지가 없습니다. 왜냐하면 현대 사회에서 유통되고 소비되는 고기는 건강하지 않은 방식으로 공급되기 때문이에요. 이 문제는 사실 채소나 과일이라 해도 같은 방식으로 적용될 수 있다고 봅니다. 따라서 건강과 다이어트를 목적으로 채식을 한다면, 무조건 육식을 지양하고 채소를 많이 먹는다고 될 문제가 아니라, 건강하게 길러진 건강한 재료를 잘 고르는 것부터 시작해야 할 것입니다.**

경험으로 보아, 사람들의 생각이 바뀌고 삶이 완전히 달라지는 변화는 갑작스럽게 일어나는 것 같습니다. 마찬가지로, 채식을 결심하는 데에도 의외의 상황에서 한순간에 모든 것을 바꾼 사람이 오히려 더 오래가는 경우를 많이 보았습니다. 물론 점진적인 노력을 하는 것도 큰 의미가 있어요. 최소한 생각이 바뀌었다는 점에서 채식을 지속하는 큰 원동력으로 작용할 테니까요.

많은 사람이 '고기'는 '맛있는 것'이라 여깁니다. 전통적으로 보면 고기는 특별한 날 즐기는 특별 음식이었기 때문에 그 자체로 풍요롭고 성대한 식탁을 연상합니다. 그래서 고기를 먹지 않는다고 하면 대다수의 반응이 "이렇게 맛있는 걸 왜 안 먹어?"라고 반문하지요. 사람들은 자신의 생각이나 취향대로 판단하는 경향이 있기 때문입니다.

그러나 실제로는 이유를 막론하고 고기 자체를 좋아하지 않는 사람도 있습니다. 특정한 채소를 먹지 않는 사람처럼 말이지요. 가령 당근이나 양파를 싫어한다고 해서 그 사람을 특이한 사람으로 생각하지는 않습니다. 그냥 입맛이 그러려니 하고 생각하겠지요. 또는 두부를 좋아하지 않거나 팥죽을 먹지 않거나, 세상에는 여러 입맛이 존재할 수 있고 그것 또한 전혀 이상하지 않고 이상하다고 하지 않습니다. 그런데도 고기를 먹지 않는 편식에 대해서는 특이하게 여기는 경향이 있습니다. 실제로 제 주변에는 다양한 이유로 채식하는 사람들이 있는데, 다른 음식보다 고기가 더 맛있다고 느

◆◆ 이에 대한 내용은 이 책의 제5장에서 자세히 다루고 있다.

끼지 않는다거나 고기 특유의 냄새가 싫다거나 하는 이유 때문입니다.

채식을 하는 데 있어서 어떠한 이유가 되었든 간에 개인적인 선택을 존중하는 사회적인 분위기가 필요합니다.

식물도 고통을
느끼지 않나요?

채식인들이 가장 많이 받는 질문 중 하나이기도 합니다. 채식의 이유 중 동물에 대한 윤리적인 처우가 부족해서 그것을 바꾸고자 하는 사람들이 특히 많이 받는 공격이기도 하지요.

"동물이 불쌍해서 고기를 안 먹겠다면 식물은 왜 먹어?", "식물은 생명이 아니야?", "식물도 똑같이 고통을 느끼지 않아?"

이런 질문들은 어느 정도 일리가 있다고 봅니다. 그래서 인도의 자이나교 일부에서는 이 모든 섭식을 끊어가며 자연스럽게 자신의 삶도 마무리하는 것을 고결하게 보기도 합니다. 그래서 이 질문을 진지하게 할 수 있으려면 이런 극단적인 자이나교도쯤은 되어야 할 거예요.

모든 생명은 태어나면서부터 죽음을 생각하거나 어떻게든 빨리 죽고 싶어 하지 않습니다. 아무리 죽고 싶다고 입버릇처럼 얘기하는 사람도 막상 예기치 않게 죽음의 상황이 닥치면 본능적으로 살고자 발버둥을 치지요.

식물도 마찬가지예요. 뽑혀 버려진 잡초도 '이제 내 삶도 끝났구나' 하고 그냥 포기하지는 않습니다. 어떻게든 살아 보려고 다시 뿌리를 뻗을 땅이 있는지 찾습니다. 그마저도 상황이 안 되었을 때 삶은 끝납니다. 모든 생명이 죽음을 염두에 두지는 않지만 우리 삶 전체를 보면 삶과 죽음이 동시에 존재합니다.

채식인이 육식 대신 식물식을 하는 이유를, 식물은 고통을 느끼지 않기 때문이라고 한다면 타당성이 없습니다. 고통을 못 느끼니까 식물은 먹어도 된다는 인식은, 자신을 합리화한 의견입니다. 식물도 본능적으로는 삶을 향합니다.

모든 동물도 마찬가지예요. 인간이 아닌 다른 어떤 동물을 보더라도 그들이 즐거운지, 평화로운지, 불안한지, 두려워하는지, 슬픈지, 우리는 본능적으로 알 수 있지요. 반려동물을 키우고 있거나 키워본 사람들은 특히 더 잘 알 거예요. 말로 하지 않아도 서로 주고받는 감정과 욕구는, 축산 시설에 사는 동물들이라고 해서 다르지 않습니다. 어떤 동물은 우리 가까이에 있고 어떤 동물은 잘 보이지 않는 곳에 있을 뿐이지요. 동물들에게는 삶에 대한 욕구도 기쁨도 고통도 없다고 생각할 사람은 없을 거예요.

그리고 나 또한 고귀한 생명이지요. 다른 생명이 고귀한 것처럼 나의 삶도 소중합니다. 우리에게 주어진 이 삶을 값지게 만드는 데 꼭 필요한 것이 음식이고, 여기에서 우리는 어디까지 허용할 것이냐의 문제에 부딪힙니다.

최소한 나를 살아 있게 해 주는 음식이, 남에게 고통이 되면 안 될 거예요. 그런 의미에서 우리처럼 고통을 느낀다고 여기는 대상을 먼저 자유롭게 해 주어야 합니다. 도살되는 동물이 고통스러워하는 것을 보는 순간 우리는 경험에 비추어 충분히 그 고통을 이해할 수 있습니다. 그래서 채식인들이 최소한으로 소비하는 것이 식물입니다.

'식물도 고통을 느끼니까 너는 채소도 먹으면 안 돼'라고 하는 것은 논리가 아니에요. 그는 자신이 변하고 싶지 않기 때문에 자신을 방어할 변명을 하는 것뿐입니다. 또한 고통의 감각 여부를 떠나, 우리는 필요 이상으로 너무 많은 동물에게 고통을 준다는 점을 간과해서는 안 됩니다.

3장   다양한 채식인

플렉시테리언

채식에 관심이 없었거나 잘 모르는 사람들은 채식에도 여러 종류가 있다는 것 또한 알지 못합니다. 고기를 안 먹고 풀만 먹으면 채식인 줄 알았는데 생각보다 복잡하지요. 게다가 채식하는 이유에도 여러 가치관이 있고, 채식인을 분류하는 데에도 여러 기준이 있습니다.

그중 플렉시테리언flexitarian이라고 부르는 채식인이 있어요. 이 단어는 '융통성 있는', '유연한'의 뜻이 있는 'flexible'에 채식주의자인 'vegetarian'이 결합했기 때문에 '유연하게 채식 생활을 하는 사람'으로 해석할 수 있겠네요.

채식을 유연하게 한다는 건 무슨 뜻일까요? 옛날에는 채식주의자를 떠올리면, 육식의 반대되는 개념으로만 생각했습니다. 육식을 하지 않는 사람, 고로 식물성 음식만 먹는 사람, 이렇게 단정 지었어요. 그래서 자주든 가끔이든 고기를 먹는다고 하면 채식인이라고 부르는 것 자체가 앞뒤가 맞지 않는 표현이었습니다.

그런데 채식에 관심이 높아지면서 채식인의 구분 또한 보다 세분되었지요. 이중 플렉시테리언은 채식인 중에서도 가장 유연하게, 대부분의 일상에서는 채식 생활을 하되 가끔 상황에 따라 고기를 먹기도 하는 사람을 일컫습니다. 아니, 고기를 먹는데 어떻게 채식주의자가 될 수 있는지 의아할 수도 있을 거예요. 중요한 것은 플렉시테리언이 갖는 가치가 채식 생활에 중점을 두기 때문에 정체성을 채식인의 범주에 포함시키는 것이지요.

"그럼 저도 고작 일주일에 한 번밖에 고기를 먹지 못하는데 플렉시테리언이라고 하는 채식주의자가 되는 건가요?"라고 물을 수도 있어요. 보통은 채식이든 육식이든 날을 정해 놓고 식사를 하지 않지요. 이 경우에는 채식인이라고 부르지 않습니다. 여기서 우리가 발견할 수 있는 점은, 채식에 어떤 마음가짐을 가졌는지가 이 분류에 중요한 기준이 된다고 보는 거예요. 그러니까 고기를 먹는 횟수나 양이 중요한 것이 아니라 가급적 육식을 하지 않고 채식을 지향하는 삶을 살겠다는 가치관이, 플렉시테리언을 규정하는 기본적인 기준이 됩니다. 육식 중에서도 붉은 살코기가 아닌 가금류를 섭취하는 경우 폴로 베지테리언pollo-vegetarian으로 분류하기도 해요.

현실적으로 우리나라는 다른 나라에 비해 채식이 쉽지 않지요. 특히 외식 문화에서는 채식인들이 즐길 수 있는 식당이 매우 한정적이에요. 평소에는 잘 몰랐겠지만, 채식을 하려고 식당을 찾아본다면 대부분이 고깃집이라는 걸 알 수 있어요.

게다가 직장 생활을 하는 성인이라면 회식이나 모임 때문에 고깃집이나 횟집을 가지 않을 수가 없지요. 거기다 신입 사원이라면 자신이 채식인이라는 것을 얘기하는 것이 어려울 수도 있습니다. 특히 동물에 대한 윤리적인 이유나, 지구 온난화 문제에 깊은 고민이 있을 때, 그것을 표현하는 것이 더더욱 어려운 게 우리나라 조직 문화의 현실입니다. 왜냐하면 병원에서 먹지 말라고 한 것도 아니고, 단지 정신적인 가치를 추구한다고 고기를 안 먹겠다고 한다면 대부분 놀림거리가 되거나 아예 무시당하기 십상이거든요.

더 심각한 것은, 이러한 가치 자체를 유별나게 보면서 더욱 의도적으로 고기를 먹이려고 한다는 것입니다. 구체적인 사례 하나를 들어 볼까요?

A라는 한국인이 있습니다. B는 외국 사람이에요. 어떤 일 때문에 B가 한국을 방문하여 A를 만났어요. A는 외국에서 온 손님인 B를 대접하겠다며 어떤 음식을 좋아하는지 물었습니다. B는 자신이 엄격한 채식주의자라고 말했어요. 모든 고기는 일절 먹지 않으며, 채식 음식이라고 하더라도 고기를 썰었던 칼이나 도마를 사용한 곳에서도 식사하지 않는다고 답했습니다.◆

그러나 A는 B의 답변에 크게 웃으며 일부러 고깃집으로 안내했습니다. B는 아무것도 모르고 따라 들어갔지요. A는 한국의 불고기가 얼마나 맛있는지 보여 주겠다고 했습니다. 얼떨결에 고기를 마주하게 된 B는 매우 난처했겠지요. 손님인 그는 어떻게 했을까요? B는 A의 요청대로 불고기를 먹었습니다. 그러면서 마음 속으로 눈물을 뚝뚝 흘렸습니다.

고기를 즐기는 한국인이 이 이야기를 들었다면 상황의 심각성을 잘 인지하지 못할 수도 있을 거예요. 불고기 이야기가 나오니 배에서 꼬르륵하는 소리가 들릴지도 모르겠어요. 하지만 채식인이나 채식인이 아니더라도 외국인이 이 이야기를 듣는다면 매우 무례하고 폭력적인 상황으로 인식합니다. 손님을 대접하는 방식이, 손님을 존중하는 것이 아니라 오히려 그가 지닌 소중한 가치를 짓밟는 행위였으니까요.

A는 자신의 방식대로 B에게 고기를 먹이는 것으로 자신이 승리했다고 느꼈습니다. 실제로 A는 이 상황을 아주 즐겁게, 채식주의자에게도 고기를 먹인 자신이 매우 능력 있는 사람인 듯 얘기했어요. 그리고 B는 A가 하라는 대로 했으니 언뜻 보면 A의 의도에 굴복했다고 보일 수도 있어요. 그러나 상대를 존중할 줄 모르는 사람에게도 어떠한 폭력적인 말로 응대하지 않고 평화롭게 그 상황을 종료한 B야말로 내면의 힘이 강하다고 볼 수 있습니다. 그의 가슴

◆ 이는 채식주의자의 여러 분류 중 가장 엄격한 단계인 비건^{vegan}에 해당한다고 볼 수 있다.

에서는 동물에 대한 미안한 마음에 고통스러운 눈물이 흘러내렸지만, 자신을 대접해 준 A와는 불화하지 않았습니다.

부처님도 모든 생명에게 자비심을 가지라고 가르쳤지만, 시주로 들어온 음식은 이것이다 저것이다 분별하지 않고 가리지 않았습니다. 형편이 되는 대로 정성껏 올리는 음식이니 그 마음을 받은 것이지요. 이미 그 음식은 인간의 입이 분별하는 차원을 넘어선 향기로운 공양이 될 거예요.

그러나 우리 사회의 채식인에 대한 편견은, 음식을 선택할 수 있는 권리를 존중해 주지도 않는 데다 그 가치를 심하게 훼손하는 데에 오히려 재미를 느끼는 경우가 많은 것 같아요. 특히 채식주의자라고 자신을 드러내는 사람들에게는 더욱 공격적인 방식으로 식사법을 비난하기도 하지요. 이런 가치쯤은 서로 무시하거나 무시당해도 괜찮다고 여기는 보편적인 사고방식은 일종의 폭력으로 인식되는 추세이기도 합니다. 그만큼 채식인이 많아지고 있다는 뜻이겠지요. 채식하게 되었을 때야 비로소 우리 사회가 얼마나 각자의 식습관을 존중해 주지 못했는지 알게 되는 것 같습니다.

이렇듯 채식을 지향하고 실천하지만, 상황에 따라 고기를 접하는 사람들을, 우리는 플렉시테리언이라고 부릅니다. 그렇다고 외국 손님 B가 어쩔 수 없이 고기를 먹었다고 해서 플렉시테리언은 아니에요. 왜 그럴까요? 중요한 것은 그의 마음에 어떤 생각이 가장 큰가 하는 데에 있어요. 어쩔 수 없는 상황 또는 모르고 고기를 먹게 되었다고 해서 구분된 채식인의 영역에서 이쪽저쪽을 왔다 갔다 하는 건 아닙니다.

플렉시테리언이 고기를 먹기도 한다는 점에서는 다른 채식보다 유연하기는 하지만, 그렇다고 해서 채식의 입문 단계라는 의미는 아니에요. 여러 종류의 채식이 차근차근 밟아가야 하는 과정은 아닙니다. 자신의 상황에 맞게 선택하는 개념이라고 보는 편이 옳을 것입니다.

페스코

페스코pesco의 어원은 이탈리아어인 'pesce'로 수중 동물을 뜻합니다. 그러니까 페스코 베지테리언은 수중 동물, 흔히 말하는 물고기까지 허용하는 채식인이랍니다. '~까지'라고 표현하는 범위가 좀 애매할 수 있지만, 영어로 'meat'의 범주에 넣는 소고기, 닭고기, 돼지고기 등의 육류는 섭취하지 않으며 그 외 물에 사는 'fish' 종류는 다 섭취한다는 의미예요.

그러나 채식인들은 '물고기'라는 단어에 '고기'가 기본적으로 전제되어 있다고 보고 있어요. 애초에 인간은 이들을 음식으로 점지해 놓은 것처럼 말이지요. '생명'을 있는 그대로의 생명으로 보지 않고 고기로 먼저 인식한다는 것은 문제가 있는 표현입니다. 이러한 차별 기제는 인간 세계의 다른 소수자를 대하는 것과 동일선상에 있다고 보입니다. 따라서 '물고기'라는 표현 대신 물에 사는 생명, 즉 '물살이'로 표현하는 것이 더 적절하다고 얘기하지요. 한 번도 생각해 보지 않았던 단어 하나하나의 의미를 잘 되새겨 보면, 우리는 무의식적으로 다른 생명을 빼앗는 인간 존재로 살아왔다는 생각이 들기도 하는군요.

채식을 결심한 많은 사람이, 당장 완전 채식을 하기 힘들 때 선택하는 것이 바로 페스코 식사입니다. 먹고 싶은 것을 못 먹는다고 생각하면 고통과 스트레스만 가중될 뿐이지요. 먹고 싶지 않은 마음이 되었을 때 자신이 설정한 식단을 유지할 힘이 생길 거예요. 그리고 비로소 건강한 채식 생활을 즐길 수 있음은 두말할 것도 없지요.

페스코만 해도 선택의 폭이 굉장히 넓은 걸 알 수 있습니다. 밖에 나가더라도 해산물 요리, 생선 구이, 바지락 칼국수 등등 여러 메뉴가 가능해집니다. 비교적 어렵지 않게 채식인으로서 노력할 수 있는 채식이기도 하지요. 이렇게 제시되었다고 해서 페스코가 거쳐야 하는 개념은 아니에요.

엄밀히 말하자면 플렉시테리언이나 페스코의 경우, 다른 생명의 '살'을 먹는다는 점에서 채식인으로 분류하는 것이 타당하지 않을 수도 있습니다. 우리가 생각하는 채식에는 '식물'이라는 개념이 가장 크기 때문에 그 의미부터 부합하지 않기 때문입니다. 하지만 앞에서도 언급했다시피 채식의 어원 자체를 보면 '활력 있는', '건강한' 식사법을 의미하기 때문에 사실 무엇을 먹느냐가 중요한 것이 아니라 어떻게 자라고, 어떻게 길러지고, 어떻게 생산된 식품을 섭취하느냐가 더 중요한 문제가 될 수도 있습니다. 따라서 '육식을 하지 않는다'는 의미의 채식과 '건강한' 채식이 동시에 충족된다면 가장 이상적인 채식이라고 할 수 있습니다.◆

누군가 자신을 '페스코 베지테리언'이라고 자칭했다면 자신의 정체성을 충분히 고민했다고 봅니다. 다만 모든 종류의 고기를 먹지 않는 이유가, 단지 고기는 싫고 생선은 좋아하기 때문에 페스코 식사를 하는 채식인이라고 한다면 약간은 다른 문제일 수 있어요. 왜 그럴까요? 결과적으로 보면 수중 동물까지만 허용하는 식사법인데 말이지요.

여기서 우리는 '허용'한다는 의미를 깊이 생각해 볼 필요가 있어요. 채식인이냐 비채식인이냐, 우리 자신을 반드시 이 두 가지 범위 안에서 규정지을 필요는 없습니다. 그러나 어떤 계기를 두고 채식을 해야겠다는 결심이 섰을 때, 바로 완벽한 채식인으로 살아가기 어려운 경우가 대부분이지요. 여러 채식의 경계선에서 우리는 계속 흔들리게 됩니다. 이럴 때 자신이 '허용'하겠다는 범위를 명확하게 결정하고 나면, 최소한 그 범위에서는 더 흔들리지 않고 지속적으로 실천하는 자세가 생기기 때문이에요.

설령 페스코의 범위를 벗어나 고기를 먹게 되었다고, 어디서도

◆ 가장 이상적인 채식에 대해서는 제4장에서 구체적으로 언급한다.

불이익을 받지는 않을 거예요. 가까운 주변 사람들이라면 장난삼아 놀릴 수는 있겠지요. "채식한다더니 왜 고기 먹어?", "고기 없으면 못 살겠지?", "그러니까 채식한다는 소리 하지 말고 그냥 편하게 먹고 살아!" 이런 말들은 주변에서 흔하게 들을 수 있어요. 그런데도 자신의 가치가, 채식하는 삶에 맞추어져 있다면 스스로를 채식인으로 규정하는 것에 큰 문제가 없다고 봅니다. 실제로 채식인의 종류를 여러 단계로 분류한 것도 융통성 있게 노력하자는 의미가 있기도 하니까요.

반면 고기와 생선 모두를 싫어해 먹지 않을 뿐이고, 채식에 대한 어떤 가치에도 공감하지 못하거나 채식하고 싶은 생각도 없는 경우라 해도 본의 아니게 채식인의 범주에 들어갈 수는 있을 거예요. 채식인의 범주라는 것이 특정한 사람들을 위한 것은 아니니까요.

인류가 있어 온 이래로 먹는 것에 대해 분별하게 된 것은 큰 변화입니다. 동물을 인간의 식품으로 소비 당해온 '고기'가 아니라, 존엄한 모성과 생존에 대한 본능이 있는 '생명'으로 본다는 측면은 인류에게는 큰 변혁이라고도 볼 수 있습니다. 이러한 구분조차 필요 없을 정도로 동물 해방의 날이 열린다면 더는 '채식'이라는 단어조차 필요 없게 되겠지만요. 그 과도기를 사는 우리는 단지 무언가를 구분하고, 규정하고, 노력하고, 실천하는 의미로 '채식인'이라는 정체성을 부여한 거예요.

페스코 베지테리언으로 산다는 것은 엄격한 채식보다는 훨씬 더 유연한 선택권이 있는 것이 사실입니다. 그러나 계속 강조하지만 어떤 범위가 허용되었다고 해서 마음껏 즐긴다는 의미는 아니에요. 그 범위 안에서 최소한으로 섭취한다는 마음가짐이 중요해요. 그리고 채식을 지향하는 본인의 노력은 최대치가 되어야 함은 당연합니다. 만약 페스코로 살기로 결심하고, 고기를 먹지 못하는 박탈감에 보상 심리가 작용한다면 아무런 의미가 없을 거예요. 먹지 못하는 고기 대신, 수중 동물을 마음껏 즐기겠노라 작정을 하듯 먹어댄다면, 채식인으로 노력한다고 말하기도 부끄러울 거예요.

페스코 식사를 허용하는 채식인이라고 해서 육상 동물은 고통을 느끼기 때문에 불쌍하고 수중 동물은 고통을 느끼지 못한다고 여기지는 않습니다. 어류나 갑각류도 통증을 느끼는 것으로 연구 결과가 나왔지요. 사실 과학계의 연구와 실험 결과들은 이미 우리가 충분히 아는 사실을 입증하는 마지막 절차에 지나지 않을 때가 많습니다. 사람들은 고통스러울 때 울고 비명을 지르듯이, 물속에 살아야 할 생명이 밖으로 끌려 나올 때 살고자 몸을 파닥거리고 입을 뻐끔거리는 것은 그들 나름의 처절한 몸부림입니다. 우리는 이를 본능적으로 알지만 정말 그들도 고통을 느끼는지 확인이 필요했을 뿐이지요. 그러나 막상 말 못 하는 수중 동물도 고통을 느낀다는 것을 알았을 때, 그들에 대한 처우가 달라졌는지는 깊이 생각해 볼 필요가 있습니다.

유럽 연합EU은 이미 2010년 9월에 오징어, 문어, 낙지 등의 두족

류頭足類도 척추동물과 마찬가지로 '보호받아야 할 동물'로 규정했
어요. 그리고 스위스 정부는 2018년 3월에 '동물 보호법'을 개정하
면서 살아있는 바닷가재나 새우 등 갑각류를 산 채로 조리하지 못
하도록 했습니다. 그 이유는 갑각류 또한 통증을 느낀다고 본 것이
지요.◆ 살아있는 랍스터를 끓는 물에 넣을 경우 벌금형을 받을 수
있고, 랍스터를 얼음 위에 올려 수송하는 것도 안 됩니다. 또한 노
르웨이, 호주, 뉴질랜드 국가에서도 이런 행위를 불법으로 규정하
고 있어요.◆◆

　그러나 우리나라는 아직 이런 문제의 논의가 부족한 것이 현실
이지요. 마트에만 가도 집게발이 묶인 채로 랍스터가 안간힘을 쓰

고 있고, 인터넷으로 주문하면 산 채로 바다 동물들을 택배로 받아 볼 수 있습니다. 신선한 생물生物이라는 표현으로 광고까지 하지요. 살아 있는 강아지나 고양이를 택배로 주고받는 것까지는 동물 학대라고 보는 시각이 강해졌으나, 이런 수중 동물은 여전히 음식 재료로 보는 것이 우리나라의 현 시점이에요.

페스코 베지테리언이 수중 동물 섭취를 허용하는 이유는 인류와 조금 더 멀리 떨어져 있다고 생각하기 때문입니다. 접시 위에 올라온 수중 동물이, 우리와 긴밀한 교감 관계에 있는 생명이라는 것이 보이기 시작했다면, 다음에 제시하는 락토와 오보를 생각해 볼 수도 있을 거예요.◆◆◆

◆ 이와 관련한 근거는 2013년 〈실험 생물학 저널Journal of Experimental Biology〉에 게재된 논문 때문이다. 논문 내용을 보면, 게의 다리에 전선을 연결하고 게가 숨을 동굴 A와 B를 준비한다. A 동굴에 들어갈 때마다 전기 자극을 반복해서 줬더니 게는 A에 들어가지 않고 B로 들어간다는 사실을 확인했다. 또한 일부 게는 전기 자극을 받을 때 자신의 다리를 자르고 도망가기도 했다. 이런 실험 반응을 근거로 동물권 운동가와 과학자들은 갑각류도 고통을 느낀다고 주장했으며 스위스 정부에서는 이를 받아들인 것이다.

◆◆ "한국채식연합, '가재와 문어, 바다 동물도 고통을 느낀다' 비건 채식 촉구", 〈로이슈〉, 2021. 7. 14.

◆◆◆ 플렉시테리언이나 페스코 베지테리언은 동물성 식품 일부를 섭취한다는 측면에서 준채식주의자, 즉 세미 베지테리언semi-vegetarian으로 묶어서 분류하기도 한다.

락토와 오보

　락토 베지테리언lacto-vegetarian과 오보 베지테리언ovo-vegetarian은 다른 종류의 채식인입니다. 그러나 이 둘을 동시에 허용하는 락토 오보 베지테리언lacto-ovo-vegetarian도 있어서 같이 묶어서 이야기해 보도록 할게요.

　락토lacto는 '젖', '우유'를 뜻합니다. 그러니까 우유나 유제품까지 섭취하는 채식인을 락토 베지테리언이라 일컬어요. 그리고 오보 ovo는 '알', '난자'를 뜻하기 때문에 달걀 등의 알류까지 섭취하는 사람을 오보 베지테리언이라고 부르지요. 그렇다면 락토 오보는 유제품과 달걀을 모두 섭취하는 사람을 말하겠네요. 그러나 이들은 앞에서 분류한 플렉시테리언이나 페스코 베지테리언과 다르게 육상 동물이나 수중 동물은 먹지 않습니다.

　점점 우리가 생각했던 채식인으로서의 본래 모습에 가까워지

고 있는 느낌이지요? 그래서 앞의 플렉시테리언이나 페스코까지
는 반半채식인의 의미가 있는 세미 베지테리언semi-vegetarian이라
고 부르고 락토와 오보부터는 베지테리언이라 부르기도 하지요.

락토와 오보가 허용하는 우유나 달걀도 동물에게 얻어진 것이
에요. 그런데도 직접적인 살생을 하지 않고 동물에게 얻어온 것이
라는 점에서 락토나 오보 채식을 하는 사람들이 꽤 있기도 합니다.
이 책의 첫 부분에서 언급했지만, 인도는 전체 인구의 40퍼센트가
채식인이지요. 그들 중 상당수가 락토 베지테리언입니다. 그래서
인도에서 '베지테리언'이라고 하면 기본적으로 '락토 베지테리언'
으로 보면 됩니다.

실제로 제가 인도에 갔을 때 어느 상점에서 치즈를 산 적이 있어

요. 포장지에 "100퍼센트 베지테리언"이라고 크게 강조해 놔서 우유가 아닌 식물성 재료로 치즈 맛을 낸 제품이라고 생각했지요. 그런데 아무리 먹어도 모조 치즈라고 하기에는 너무나 진짜 유제품 같았습니다. 알고 보니 인도에서 채식이라고 하면 기본적으로 락토식을 떠올린다고 하더군요.

그러나 락토 베지테리언은 'ovo'에 해당하는 달걀은 허용하지 않아요. 이것도 인도에서 겪은 일인데, 길거리에서 삶은 달걀을 사서 들고 다녔던 적이 있어요. 그러다 어느 식당에 들어갔고 음식이 나오는 동안 주머니의 삶은 달걀을 꺼내 만지작거렸어요. 그때 식당의 매니저가 다가와서, 친절하지만 단호한 표정으로 '여기는 채식 식당'이니 안 된다고 하더군요. 저는 상황을 깨닫고 얼른 달걀을 가방에 넣었습니다. 엄격한 채식을 지향한다는 자이나교도가 운영하는 호텔에 간 적도 있어요. 입구에서부터 안내판이 눈에 띄더군요. "달걀을 포함한 육식 음식을 객실로 가져가지 마시오!"라고 말이지요.

락토 채식하는 사람들은 소를 도축해서 얻는 고기를 먹지 않아서 살생에 가담했다는 심리적인 죄책감은 비교적 덜할 수 있습니다. 더구나 인도에서는 시골로 갈수록, 직접 소를 키우면서 소가 자연스럽게 새끼를 낳으면 조금씩 우유를 얻는 경우가 많아요. 그 우유를 바로 마시기도 하고, 발효시켜 먹거나, 치즈나 버터를 만들어 먹기도 합니다. 개인적인 생각이지만 이 경우라면 동물과 평화롭게 공존하는 방식이 가능하며, 이렇게 얻은 유제품이라면 섭취하는 것도 나쁘지 않다는 생각입니다.

그러나 문제가 되는 것은 역시 공장식 축산업에서 얻는 우유죠. 어쩌다 임신이 된 소에게서 우유를 얻는 게 아니기 때문입니다. 우유를 얻으려고 강제로 임신시키고 새끼를 낳도록 해야 비로소 우유가 나오기 때문이지요. 여기에는 폭력과 고통이 들어가기 때문에 건강한 음식이라고 보기 어려울 거예요.

저는 이런 생각을 해 본 적이 있어요. 만약 내가 축산업에서 소모되는 한 마리 '소'라면 어느 편이 나을까? 금방 도축되어 소고기로 팔리는 게 나을까? 아니면 오래오래 살면서 우유를 생산하는 소로 살다가는 게 나을까? 물론 상상이긴 하지만 평생 원하지도 않는 임신을 계속하고 새끼를 낳았는데, 낳자마자 몸도 마르지 않은 송아지를 빼앗기고 너무나 눈물이 나고 슬픈데, 그 와중에 우유를 짜 내야 하고 죽지도 못하고 평생 그렇게 산다는 것은 말도 못하게 고통스러울 것 같습니다.

저 또한 몰랐을 때는 우유나 유제품이 생산되는 과정에 그렇게 소의 고통이 있으리라고는 상상도 하지 못했습니다. 그저 평화로운 풀밭에서 풀을 뜯고 있는 소와 함께 신선한 아침을 시작하는 풍경을 그렸었지요. 아침 공기를 기분 좋게 마신 후 행복한 표정으로 손으로 쭉쭉 우유를 짜낸 것으로만 생각했어요. 동화 속 목가적인 풍경만 환상처럼 자리하고 있었던 거예요.

대부분 사람은 우유가 이런 식품인지 이해하지 못합니다. 그러다 채식에 관심을 두고 이런저런 사실을 접하다 보면 결국 유제품도 멀리하게 되지요.

오보 채식의 경우도 비슷하다고 볼 수 있어요. 양계장에서 알을 낳는 닭을 한 번 떠올려 볼까요? 병아리로 태어난 지 한 달 만에 삼계탕으로 팔려나가는 것보다는, 살아남아서 주는 모이를 쪼아 먹으며 살아가는 것이 낫다고 생각할 수도 있어요. 그러나 이 또한 비참하기는 송아지와 우유를 평생 빼앗기며 살아야 하는 소의 운명과 다를 바 없습니다.

만약 닭들이 이른 아침이면 횟대에 올라가 꼬끼오 울고, 자유롭게 마당을 다니며 벌레나 모이를 쪼아 먹는 그런 삶을 살며 알을 낳아 준다면, 평화로운 방식으로 얻어진 귀한 선물이라 여겨도 괜찮을 것입니다. 그러나 가축과 사람의 이런 공존은 옛날에나 가능했어요. 그야말로 옛날이야기가 되어 버린 지 오래입니다. 오보 채식을 하는 사람들은, 살아 있는 생명을 해치지는 않는 것이라 여겨요. 그리고 유정란이 아닌 무정란*을 섭취하는 노력을 하지요.

락토 오보 채식을 하는 사람들은 이 둘을 모두 섭취합니다. 락토나 오보 한쪽보다는 선택의 폭이 넓어지는 건 당연하겠지요. 더구나 요즘에는 우유를 대신해서 두유를 쓰거나, 식물성 재료로 만든 달걀을 판매하기도 합니다. 락토 오보뿐만 아니라 모든 채식인에게 반가운 변화라고 할 수 있겠네요.

플렉시테리언은 비채식인과 실제로 먹는 음식에는 큰 차이가 없습니다. 그리고 페스코 베지테리언의 경우 밖에서 먹을 수 있는 음식이 아주 많다는 것을 알았지요. 락토나 오보는 다소 제한적이기는 하지만 찾아보면 역시 선택의 폭이 좁지 않다는 것을 알게 됩니다. 실제로 이탈리안 레스토랑만 가도 햄, 페퍼로니가 얹어진 것만 제외한다면 거의 모든 메뉴를 고를 수 있다고 보아도 무방하지요.

여기까지는 어느 정도 동물에게서 얻은 것들을 섭취할 수 있다는 점에서 채식인이 되고자 할 때 시작할 수 있는 방법, 어렵지 않게 시도해 볼 수 있는 채식, 그래서 상당히 유연한 채식 방법이라고 보입니다. 그러나 다음에 언급할 '비건'은 많이 다릅니다.

◆ 유정란(有精卵)은 수정이 된 알이기 때문에 부화시키면 병아리가 태어난다. 반대로 무정란(無精卵)은 수정이 되지 않은 알이기 때문에 병아리가 태어날 수는 없다. 실제로 마트의 냉장고에 있던 유정란을 구매해 아파트의 발코니에 두었는데 병아리가 태어났다는 사례를 종종 접할 수 있다.

비건

육류를 먹는 사람, 어쩔 수 없을 때 육류를 먹는 사람, 수중 동물을 먹는 사람, 동물에게 얻은 것을 먹는 사람 등 채식인의 종류는 이런 식으로 점점 엄격해지는 과정을 볼 수 있었어요. 이제 마지막으로 얘기하는 비건vegan은 채식 중에서도 가장 엄격한 단계라고 말할 수 있습니다. 또한 여러분이 생각했던 채식인의 전형적인 생활 방식이라고 여겨도 좋을 거예요. 과일만 먹는 프루테리언fruitarian이 있기도 하지만 섭취하는 음식 이외의 생활 방식은 같아서 비건으로 묶어서 얘기해 볼게요. 이렇듯 채식인의 종류에도 여러 가지가 있고, 무엇이 가능하고 무엇은 안 되는지에 따라 이름이 달라지기 때문에, 비건이라고 해도 여러분의 생각과는 또 다를 수도 있습니다.

비건이라는 단어는 1944년에 영국에서 먼저 사용하기 시작했어요.◆ 'vegan'은 'vegetarian'의 맨 앞 세 글자 'veg-'와 뒤의 두 글자 '-an'을 따 만든 단어입니다. 기존의 베지테리언이 여러 종류로 나뉘다 보니 더욱 차별화된 베지테리언의 의미로 비건이라는 단어를 사용하기에 이른 것이지요. 베지테리언에서 출발한 비건은 결국 베지테리언의 종착역이라는 의미를 담고 있어요.◆◆ 이때부터 유제품도 거부하자는 주장이 나오기 시작했는데, 목축업이 발달한 영국에서는 우유도 동물에 대한 폭력으로 얻어진 산물이라고 보았던 것입니다.

비건을 정의하자면 동물성 식품이나 동물에게 얻은 모든 것을 섭취하지 않음은 물론, 동물에게 얻은 식품 이외의 제품도 소비하지 않는 생활 방식을 통틀어 일컫습니다. 여기에는 먹는 것은 물론 입고 사용하는 모든 제품을 포함하기 때문에 처음 접하는 사람들에게는 매우 어려운 선택으로 보일 수도 있어요. 예를 들면 달콤한 꿀도, 곰 모양 젤리도 먹지 않는 것, 가죽 신발도 신지 않고 거위 털(구스다운) 패딩도 입지 않는 것 등등까지 포함합니다. 또한 돌고래

◆ 1944년 영국의 베지테리언 소사이어티^{Vegetarian Society}에서 일부 회원들이 치즈와 달걀을 포함한 동물성 식품도 완전히 배제하자는 소모임을 결성하려 하자 이를 거부했다. 이에 비건 소사이어티^{Vegan Society}라는 새로운 조직이 탄생했다. 그리고 1951년부터는 '동물을 착취하지 않고 살아야 한다'는 개념으로 확대되면서 현재는 비건이라는 단어가 폭넓게 사용되고 있다.

◆◆ 마르탱 파주, 《왜 고기를 안 먹기로 한 거야?》, 52쪽, 배영란 옮김, 황소걸음, 2019.

쇼 등 동물 학대 관광도 거부하지요. 주위를 둘러보면 비건에게 적합하지 않은 많은 것들이 눈에 띌 거예요. 엄격한 채식주의자, 즉 비건으로 살기로 했다면 눈에 띄는 이런 모든 것들로부터 멀어져야 합니다. 음식뿐만 아니라 우리가 무심히 소비했던 것들이 동물에게 얻은 것이 많았음을 알게 되지요. 그렇기 때문에 비건은 '채식인'이라기보다는 '채식주의자'라는 표현이 더 어울릴지도 모르겠습니다.

꿀이 왜 문제가 되는지 얼른 와 닿지 않을 수도 있어요. 벌에게 강제로 꿀통을 채우게 한 것도 아니고, 벌들이 자발적으로 날아다니며 꿀을 모으는데 말이지요. 그런데 잘 생각해 볼까요? 벌들이 꿀을 모을 때는 인간에게 갖다주려고 모으지는 않았을 거예요. 꽃이 피지 않는 계절을 대비한 식량으로 모아 놓았죠. 그런데 힘들게 모은 꿀을, 결국에는 인간이 통째로 가져가 버리니 벌들은 허탈할 수도 있을 거예요. 빈 자리를 더 채우려고 지치도록 일을 해도 빼앗기기는 마찬가지입니다. 사람들은 꿀을 가져오고 그 자리에는 설탕물을 채워 놓지요. 꿀은 사람이 먹고 벌들은 설탕물을 먹으라는 거예요. 벌들에게는 필요한 영양소가 다 채워지지 않기 때문에 영양에도 심각한 피해를 주게 됩니다. 게다가 꿀을 채취하는 과정에서 벌들이 많이 죽기도 합니다.

이 과정들이 어느 정도 평화롭게 진행되거나, 벌들이 필요한 만큼 다 소비하고 난 다음에 아주 약간의 꿀을 얻는다면 크게 문제가

되지 않을 거예요. 그러나 꿀이 돈으로 환산이 될 때는 사람들의 욕심도 개입되지요. 일부 양봉업자들은 꿀을 모으는 벌들이 다른 곳으로 떠나지 못하도록 여왕벌의 날개를 잘라 버리기도 합니다. 벌집에서 벌을 쫓을 때는 화학 약품을 쓰기도 해서 많은 벌이 고통 속에서 죽어가지요.

비건이라고 해서 꿀의 달콤한 맛을 모르는 게 아니에요. 그러나 내 입맛을 위해 다른 생명을 해치는 선택은 하고 싶지 않은 거예요.

그리고 빨강, 노랑, 초록, 예쁜 곰 모양 젤리는 저도 비건이라는 개념을 몰랐던 예전에는 아무 생각 없이 먹었어요. 왜냐하면 젤리는 대부분 과일 맛인 데다, 거기에 고기가 들어갔을 거라고는 상상도 하지 못했거든요. 쫀득하고 탱글탱글한 탄성 있는 식감 때문에 씹는 재미가 있기도 합니다. 그런데 대부분 젤리에는 돼지나 소에게서 얻은 젤라틴◆ 성분이 들어갑니다. 젤리 외에도 달콤한 간식에 젤라틴이 많이 쓰인다는 것을 알고 놀랐습니다.

이처럼 지글지글 고기 굽는 냄새가 나지 않아도 동물의 살이나 다양한 조직 등을 이용해 만든 음식이 아주 많습니다. 대부분의 스낵, 크래커, 비스킷, 과자 등등에서도 소고기, 돼지고기가 빠진

◆ 동물의 가죽, 힘줄, 연골 등을 구성하는 천연 단백질인 콜라겐을 뜨거운 물로 처리하면 엉어지는 유도 단백질의 일종이다. 아이스크림, 마시멜로, 젤리 등을 만드는 데 이용한다.

간식을 찾는 게 아주 어려워요. 그래서 비건식을 하는 사람들은 과자 하나를 사더라도 원재료를 꼼꼼하게 보고 고르는 게 일상입니다.

그런데 채식을 하는 데 있어서, 같은 채식인이라고 하더라도 생각의 차이로 타협이 안 되기도 합니다. 예를 들어 식당에서 비빔밥을 주문했어요. 채식을 하는 사람들은 소고기 고명 등이 있는지를 묻고 빼달라고 부탁합니다. 그런데 깜빡하고 달걀부침을 생각하지 못했어요. 막상 앞에 놓인 비빔밥에 달걀부침이 올라간 것을 본 채식인은 어떤 선택을 할 수 있을까요?

여기에는 두 가지 반응으로 나뉘지요. '나는 비건이기 때문에 달걀을 용납할 수 없어'라며 달걀을 빈 접시에 덜어 놓습니다. 이 달걀은 버려지겠지요. 다른 쪽의 선택은 '내가 이걸 먹지 않고 버리면 소중한 달걀 하나의 가치를 더 훼손할 수 있어'라고 생각해 그냥 감사하는 마음으로 먹는 겁니다. 어느 쪽이 옳다 그르다 얘기할 수는 없습니다.

비건을 선택하고 실천하는 사람들은 많은 상황에서 까다로운 느낌을 주기도 합니다. 식당에 가면 이런 비슷한 상황을 많이 겪게 되지요. 비건이라는 정체성에 매여 원하지 않는 음식이 나오게 되었을 때 얼굴 붉히는 일이 종종 있는 것 같아요. 그래서 비건은 까다롭고, 까칠하고, 남들을 불편하게 한다는 이미지를 주기도 합니다. 실제로 비건 생활에는 제약이 많으므로 이것저것 골라내는 것

채식인의 유형

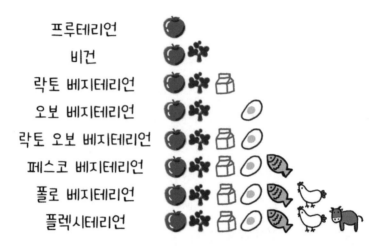

프루테리언						
비건						
락토 베지테리언						
오보 베지테리언						
락토 오보 베지테리언						
페스코 베지테리언						
폴로 베지테리언						
플렉시테리언						

들이 많을 수밖에 없으니까요.

그렇다고 이미지가 나빠질 수 있으니 비건임을 숨기라는 얘기가 아니에요. 남들에게 비치는 이미지보다 중요한 것은 자신이 깨닫고 선택한 중요한 신념이겠지요. 어쩔 수 없이 자신이 설정한 정체성에 흠이 생겼다고 하더라도 세상에 대한 부정적인 마음은 갖지 마세요.

비건은 세상의 평화로운 공존을 위한 선택입니다. 자신의 마음부터 괴롭다면 실천의 의미도 상당히 퇴색할 거로 생각합니다. 비건이라는 강박증에 사로잡히게 되면 자신에게나 타인에게나 건강한 영향력을 행사하지 못하지요. 적극적으로 비건 채식을 하지만 불가피하게 주어진 음식이라면 귀하게 받고, 감사하는 마음이 더더욱 비건다운 마음가짐이 아닐까 합니다.

중요한 것은 무엇을 얼마나 자주 먹었느냐가 아니지요. 비건이기 때문에 먹지 않는 음식이 얼마나 많은지 그 수를 늘려가는 것도 아니에요. 남들이 나를 어떻게 보는지 고민하는 것도 아닐 거예요. 나의 건강한 신념을 실천하려고 노력하는 자세가 가장 가치 있을 것입니다.

채식에 부작용은
없나요?

　세상의 모든 현상에는 음양陰陽, 장점과 단점, 좋은 것과 싫은 것이 있습니다. 그러나 그것이 항상 반반으로 존재하는 것은 아니에요. 우리가 어떤 선택을 할 때는 최소한 반반을 넘어 더 효율적인 것을 얻으려고 노력합니다. 그 지점이 아리송할 때 우리는 갈등을 하게 되지요.

　명백하게 유익해 보이는 것도 어느 측면에서 보느냐에 따라 달라질 수 있을 거예요. 또 어떤 것들은 지금은 장점이라고 생각했는데 나중에 보니 아니었던 것도 있고, 우리의 삶은 늘 이런 판단과 선택, 결정을 동반하지요.

　고기를 좋아했던 사람이 채식으로 전환했을 때 느낄 수 있는 가장 첫 번째 단점이라면, 아무래도 고기를 먹고 싶은 마음이 불쑥불쑥 생길 수 있다는 것이겠네요. 먹고 싶은 걸 못 먹고, 하고 싶은 걸 못 하고, 보고 싶은 사람을 못 본다는 것은 상당히 큰 고통이지요. 그러나 만약 사회적인 문제 해결에 동참한다는 뜻으로 채식을 시작한다면, 거기에는 큰 가치가 부여되기 때문에 개인적인 고통은 상대적으로 줄어들 수 있습니다.

　예를 들어, 여러분의 용돈 중 일부를 지구 반대편에서 굶고 있는 어린이를 위해 후원금으로 보냈다고 해 볼까요? 우연히 텔레비전에서 영상을 보고 여러분의 마음이 움직였다면, 누가 시키지 않아도 기꺼이 그런 선택을 할 수도 있을 거예요. 그런데 후원금을 보내고 나면 당장 내가 쓸 용돈이 줄어드니 타격도 있겠지요. 그렇다고 한 달 내내 투덜투덜하면서 괜히 그런 짓을 했다고 후회할 사람은 없을 것입니다. 내게 불편함이 생겼지만, 훨씬 더 큰 가치에 이바지했다고 느끼는 순간 더 큰 기쁨을 느끼니까요.

채식의 영양학적 측면을 걱정하는 사람도 많을 거예요. 채식으로도 모든 영양소를 골고루 섭취할 수 있다는 점은 이미 알려진 바지만, 유독 비타민 B12만큼은 동물성으로만 섭취할 수 있다는 얘기도 오래도록 이어져 왔어요. 김이나 파래에 많이 들어 있는 영양소라 우리나라 사람에게는 문제가 크지 않습니다. 게다가 이 영양소는 특정 세균으로 생산된다는 사실이 밝혀졌지요. 그것은 동물의 장내 세균에서 합성되고 그 양이 가장 많은 것이 인간과 동물의 대변이라고 해요. 예전에 우리는 땅에서 자란 채소를 먹거나, 산속 물줄기에서 흘러 내려온 물을 마시거나 하면서 비타민 B12를 섭취해 왔습니다. 그런데 과도하게 농약을 쓰고 살균을 하는 바람에 오히려 비타민 B12가 사라지게 된 것이지요. 유기농 등으로 생산된 채소를 섭취하면 이런 문제는 해결됩니다. 그마저도 불안하거나 부족하다고 느낀다면 비타민 B12 영양제를 따로 섭취하는 방법도 있겠지요.

채식 자체가 완벽한 식사법이라고 얘기할 수는 없습니다. 어떤 음식을 선택하느냐, 어떤 식재료를 쓰느냐에 따라서 우리 몸에 미치는 영향도 달라질 수 있으니까요. 따라서 영양학적 균형을 맞추려는 공부와 노력을 한다면 충분히 건강한 채식 생활을 할 수 있을 거예요. 물론 이런 노력은 채식을 하지 않는 사람에게도 마찬가지로 해당하는 이야기랍니다.

4장 비거니즘

비건, 채식은 기본

비거니즘은 이제 전全 지구적인 흐름으로 인식되고 있습니다. 비거니즘은 인간과 다른 대상과의 관계 설정부터 다시 하지요. 그동안 인간이라는, 종種에서 가장 우월하다고 믿었던 존재가 알고 보니 이 지구에 가장 해악이 되는 존재로 살고 있었다는 것을 깨달았기 때문입니다. 여러분도 저도 특별히 무얼 잘못하지 않은 것 같아서 억울하긴 한데, 무엇이 어떻게 잘못되고 있었던 것인지 한번 살펴볼까요?

비거니즘은 윤리적인 채식을 기본으로 하면서, 삶의 다른 영역에까지 비건의 정신을 실천하고자 하는 신념입니다. 즉, 동물을 착취함으로써 얻은 모든 것들을 거부하겠다는 의지의 표현이에요. 비건이라는 단어조차 생소했을 때는, 무엇은 먹을 수 있고, 무엇은 못 먹고, 안 먹고, 이런 피곤한 세상이 있나 싶었는데, 이제는 삶의 철학으로 받아들이는 사람이 많아졌어요. 비거니즘을 지지하며 실천하는 사람을 비건이라 부르기 때문에 비건과 비거니즘은 사실 같은 의미로 써도 무방합니다.

아무리 좋은 뜻으로 시작했다 해도, 음식을 가려먹자 하니 배부른 소리 한다고 말할 수도 있을 거예요. 반은 맞는 말입니다. 사실 배고플 때는 이것저것 가릴 정신도 없었겠지요. 먼 옛날이었다면 그날그날 사냥해서 잡은 동물은 내 몸을 하루 더 지탱하게 하는 에너지원으로 알고 감사히 여겼을 것입니다.

그런데 우리는 정말 배부른 삶을 살고 있습니다. 우리나라만 해도 먹을 게 남아돌다 못해 음식물 쓰레기를 처리하는 비용으로 매년 22조 원을 쓰고 있으니까요. 배고팠더라면 하지 못했을 생각이었어요. 지금이라도 인간의 행위가 이 지구에 미치는 작용을 고민할 수 있어서 다행이지요. 이런 태도는 인간이기 때문에 가능한 일이 아닐까요? 또한 인간이어서 잘못된 것은 수정할 수도 있을 것입니다.

비거니즘은 우리가 동물을 다루는 방식이 필요 이상으로 폭력적이라는 점에 무거운 책임감과 고통을 느낍니다. 그리고 필요 이상으로 소비하고 너무 쉽게 버리고 있다고 생각합니다. 생산자들은 더욱 많이 더욱 싸게 공급하려고 건강하지 못한 방식으로 수많은 생명을 착취해 왔지요. 이런 악순환의 고리는 가속화되어 결국 급브레이크가 필요한 상황이 되어 버렸습니다.

모든 산업은 생산과 소비가 동시에 존재합니다. 우리는 대부분 소비자로 살고 있지요. 소비자의 소비 욕구가 있기에 생산자는 거기에 부합하는 제품이나 서비스를 제공합니다. 그래서 비거니즘은 소비자의 막강한 힘을 적극적으로 보여 줄 수 있습니다. 윤리적이지 않은 생산품은 절대 소비하지 않겠다는 것이지요. 소비자가 없으면 생산 활동은 바로 쇠퇴하기 마련이니까요. 생산 활동을 저지하겠다는 목적보다는, 주체적인 소비를 하겠다는 뜻이에요. 그럼으로써 평화로운 세상을 만드는 데 기여하고 싶은 마음입니다.

우리나라도 그렇지만 전 세계 비건 인구 중 절반 이상이 MZ세대♦라는 점은 이 흐름을 잘 보여 주고 있습니다. 이들은 소비 하나에도 사회적 가치나 의미를 담으려는 성향이 강합니다. 제품 자체의 성능도 중요하지만, 그 제품이 얼마나 윤리적인 재료로 만들어지고, 공정한 과정♦♦을 거쳤는지도 중요한 선택 기준이 되었어요. 게다가 소셜 미디어 활동이 활발해서 유통 시장에서는 강력한 영향

♦ 1981년부터 1996년 사이에 출생한 밀레니얼Millennials 세대와, 이후 2000년 사이에 출생한 Z세대를 통칭하는 말이다. 디지털 환경에 익숙하고, 최신 트렌드를 즐기며 남과 다른 경험을 해 보고 싶어 하며, 이를 적극적으로 현실화하려는 특징을 보인다.

♦♦ 이를 공정 무역fair trade이라 한다. 특히 초콜릿의 주원료인 카카오와 커피 등, 개발도상국의 주요 생산품이 경제 선진국을 통해 무역이 이루어질 때 노동력 착취와 부의 편중이 발생하는 문제를 비판한다. 따라서 개발 도상국의 생산자에게도 이윤을 충분히 보장하고 이들을 보호하려는 목적에서 발생한 대안적 형태의 무역이다.

다양한 비건 인증 마크 중 하나.

력을 발휘하는 소비 주체가 되고 있지요.

그런데 현실적으로는 동물에게서 얻지 않은 것들을 찾아보기가 매우 힘든 상황이기도 합니다. 비거니즘을 지지하지만 완벽하게 실천하지는 못하고, 항상 비건으로 살고자 하는 마음이 있는 경우에, 좀 더 유연한 표현으로 '비건 지향'이라는 말을 쓰기도 합니다. 비거니즘 자체가 매우 엄격한 기준을 두기 때문에 쉽지 않은 것이 사실이지요. 비건의 가치에 공감한다면 비건 지향으로서 꾸준히 노력하는 자세도 의미가 클 거로 생각해요.

비거니즘이 확산하자 비건 채식을 하는 사람들을 위한 인증 제도도 마련되었습니다.* 요즘에는 비건이나 비건 지향인 사람들의 의식에 기본적으로 미니멀리즘**의 가치도 함께 고려하는 경우가 많습니다. 그래서 채식이라도 필요 이상으로 소비한다거나, 많은 음식 쓰레기를 남긴다면 비거니즘에 적합하지 않은 방식입니다.

동물에게서 얻은 모든 것을 먹지 않거나 사용하지 않는 것이 비거니즘의 기본이에요. 윤리적인 소비를 통해 해결책을 찾으려 하지요. 그래서 비거니즘은 일반적이지 않는 삶을 선택한 까다로운 생활 방식처럼 보일 수도 있습니다.

세상의 모든 긍정적인 변화는 욕망이 이끄는 대로 흘러가는 것이 아닙니다. 인간이기 때문에 절제하고 통제하고 남에게도 해를 끼치지 않으려는 불편한 노력도 감수할 수 있습니다. 우리는 늘 더불어 산다는 표현을 많이 하지만 얼마나 진정성 있게 그 가치를 위해 노력해 왔는지 반성해 볼 필요가 있을 거예요. 여성, 장애인이나 성 소수자, 동물과 이 밖의 모든 소외당하고 부당한 대우를 받았던 생명들이 그들 나름의 정당한 삶을 살도록 배려하자는 뜻입니다.

비거니즘은 동물 해방은 물론 인간 중심이나 권력자 중심의 사

◆　세계적으로 비건 인증은 민간 기관이나 협회에서 진행하는데, 우리나라는 한국 비건인증원www.vegan-korea.com에서 이를 맡고 있다. 비건으로 공식 인증한 제품들에 마크를 부여함으로써 소비자들의 선택에 도움을 주고 있다. 제품은 제조와 생산 전 과정에서 동물성 성분을 일절 사용할 수 없다. 동물 실험도 진행하지 않아야 한다. 또한 동물성 DNA도 포함하면 안 된다. 모든 생산품은 자연물질에서 얻은 성분으로 구성되며 화학적 합성물은 배제한다.

◆◆　삶의 모든 분야에 적용할 수 있는데, 최소화된 간결한 삶을 지향하는 방식이다. 많은 것들을 소유하는 것이 미덕이 아니라 꼭 필요한 것만 소유하고 소비함으로써 단순하고 정갈한 삶을 살고자 한다.

고에서 벗어나려는 일종의 인간 해방 운동이에요. 각각의 상황과 이해가 충돌하는 사회적인 상황에 비거니즘을 대입해 본다면 의외로 평화로운 방식으로 해결될 수도 있을 거예요. 건강한 소비는 비거니즘을 보여 주는 가장 적극적이면서도 가장 일차적인 실천이라고 할 수 있습니다.

화장품도 비건

비거니즘은 음식에만 국한되지 않아요. 비거니즘을 한마디로 정의하자면 '윤리적 소비'를 하겠다는 삶의 자세입니다. 동물에게서 얻은 원료로 만든 것들을 배제하기 때문에 상당히 많은 부분에서 관성적인 소비가 걸러지게 되지요. 모르고 소비했을 때는 어쩔 수 없지만 인간의 식욕이나 다양한 욕구에 희생당하는 동물이 너무 많다는 것을 알기 때문이에요.

학생들은 경제적인 생산 활동을 하지 않기 때문에 주어지는 대로 받아들여야 하는 상황이 대부분이지요. 그래도 가능한 소비의 영역에서는 비거니즘을 고려해 볼 수도 있을 거예요. 당장 어떤 것들이 가능한지 바로 떠오르지 않을 수도 있어요. 그러나 잘 둘러보면 우리 주위에 비거니즘에 어긋나는 제품이 아주 많아요. 그중 우리가 실감할 수 있는 게 화장품입니다. 동물 실험을 하지 않거나 동물성 원료를 사용하지 않은 화장품을 선택한다면 흔히 말하는 개념 있는 소비에 동참했다고 스스로 뿌듯하게 여겨도 좋을 거예요.

유럽 연합은 2004년부터 화장품 완제품 단계의 동물 실험을 금지했어요. 2009년에는 원료 단계의 실험까지 금지했지요. 그리고 2013년부터는 '화장품 동물 실험 금지법'으로 동물 실험을 거친 화장품의 수입과 유통, 판매까지 전면 금지하기에 이르렀습니다.

우리나라는 2017년 2월부터 동물 실험을 한 화장품을 유통하거나 판매할 수 없게 되었어요. 비거니즘의 확산으로 더 많은 비건 인증을 받은 화장품들이 쏟아져 나오는데, 그렇다고 모든 화장품이 비건 제품이라고 말할 수는 없습니다. 왜냐하면 우리나라에서 만든 화장품이라고 하더라도 중국에 수출할 때는 동물 실험을 의무적으로 해야 하거든요. 중국에서 이를 의무 조항으로 규정하고 있기 때문이에요. 한국의 화장품 수출 중 가장 큰 시장인 중국을 포기한다는 것은 매우 어려운 일일 거예요. 또한 미국과 일본도 일부 제품과 원료에 대해서는 동물 실험 자료를 요구하기 때문에 중국이나 미국, 일본 수출까지 포기할 수 없는 기업에서는 당장 동물 실험을 근절하기는 어려운 상황입니다.

많은 동물이 다양한 현장에서 인간을 위한다는 명목으로 희생당하고 있으며 결국 고통스러운 삶을 살다가 떠날 수밖에 없는 구조예요. 화장품 동물 실험에서 가장 유명한 예가 토끼의 눈에 마스카

라를 수백 번 칠해 보는 것이지요. 화학 약품을 눈에 넣거나 털을 깎은 맨살에 피부가 짓무르도록 발라보기도 합니다. 샴푸, 마스카라, 립스틱 등 우리를 깨끗하고 예쁘게 만들어 주는 상품을 만들기 위해 부작용을 감당하는 것은 토끼의 몫이 되어 버립니다.

만약 실험에서 별 문제가 드러나지 않는다면 동물도 사람도 다 괜찮을까요? 실제로는 그렇지 않습니다. 동물 실험을 통과한 제품이 사람에게 부작용으로 나타나는 사례가 너무 흔하지요. 이때 기업은 실험을 충분히 했기 때문에 아무 문제가 없다는 식으로 책임을 회피하기도 해요. 그래서 인간을 위한다는 동물 실험이 전혀 인간을 위한 안전장치가 되지 못한다는 비판을 받기도 하지요. 실제 효용성이 없는 비윤리적인 절차라는 지적입니다. 동물 실험에 사용된 동물들은 실험 목적으로 번식되고, 실험용으로 쓰이고, 실험이 끝난 후에는 99.9퍼센트가 안락사로 삶을 마감하게 되지요.

동물 실험 반대 운동 단체인 크루얼티 프리 인터내셔널Cruelty Free International◆은 동물 실험에서 긍정적인 결과를 얻은 약물 중 90퍼센트는 인간에게 적용하는 데 있어 효과가 없다고 밝히고 있어요.

◆ 크루얼티 프리 인터내셔널www.crueltyfreeinternational.org은 2012년 영국에서 설립된 동물 실험을 반대하는 국제 단체다. 동물 실험을 하지 않는 제품을 심사하고 인증하기도 한다.

설령 동물 실험을 하지 않았더라도 동물성 원료를 사용한다면 이 또한 비건 제품에는 해당하지 않습니다. 그러니까 비거니즘에 적합한 화장품이 되려면 이 두 가지 조건이 다 충족되어야 합니다. 동물뿐만 아니라 식물을 다루는 데도 무분별하게 이용하거나 불필요한 쓰레기를 많이 만드는 것 또한 비건이 지향하는 가치와는 맞지 않을 수 있습니다. 식물도 건강한 환경에서 자랄 수 있도록 하고 필요한 만큼만 얻는다면 가장 이상적일 거예요.

비건으로 살다 보면 그동안 보지 못했던 것이 보이기 시작해요. 자신과 이 사회에 대해 그동안 몰랐던 서글픈 사실을 알게 되고 실체도 깨닫게 됩니다. 몰랐던 사실을 알고 의식이 깨어나는 건 처음엔 그리 유쾌한 일은 아니에요. 그래도 시간이 지나면 이 지식이 곧 행동하는 힘의 원천이 되어 아는 만큼 전에 없던 기쁨과 자유를 누리게 될 거예요.◆◆

◆◆ 마르탱 파주,《왜 고기를 안 먹기로 한 거야?》, 48~49쪽, 배영란 옮김, 황소걸음, 2019.

모든 차별에 반대하다

비거니즘은 윤리적인 고민에서 시작되었습니다. 그렇다고 비건
이 아닌 나머지 사람들이 비윤리적인 집단이라는 뜻은 아닙니다.
설령 고기만을 좋아하는 육식인이라고 하더라도 단지 어렸을 때
부터 선택적 상황 없이 받아들인 습관이 그대로 남은 것뿐이에요.

채식인이나 비건으로 사는 사람들의 경우, 동물의 고통에 깊은
연민을 느끼며 그 고통을 자신이 느끼듯 힘들어하고 슬퍼합니다.
동물들의 현실을 너무 잘 알아서 이를 도외시하는 사람들에게 야
속한 마음이 들기도 하지요. 부정적인 감정이 압도할 때는 세상에
대한 원망이 커지기도 합니다. 동물들의 고통을 멈추지 않는 육식
사회에 혐오를 드러내기도 하지요.

그런 마음이 이해가 되지 않는 것은 아니에요. 나는 처절한 기분
으로 이렇게 노력을 하는데 세상은 별로 바뀌는 게 없는 것 같고,

사람들은 여전히 악의 순환을 부추기고 있다고 생각하니 힘이 빠질 노릇이지요. 현실이 너무도 안타까우니 고통스럽기만 합니다. 우리는 모두 함께 살아가며 기쁨과 슬픔, 분노와 짜증도 당연히 있습니다. 그러나 세상을 선과 악의 구조, 채식과 육식의 대립으로만 여긴다면 이 또한 바람직한 모습은 아닐 거예요.

여기에 더 중요한 사실이 있어요. 비거니즘이 대상에 대한 연민만 갖고 그 불편한 마음을 없애기 위해서 동물 학대를 멈추자고 주장할까요? 그것은 일차적인 이해에 불과해요. 동물을 착취하고, 불필요할 정도로 소비하고 버리는 데에서 생명의 가치는 심하게 훼손되고 있어요. 이 시스템 자체에 문제가 있다고 보는 겁니다. 결국은 인간이 만든 잘못된 구조를 바로잡으려고 동물을 착취하지 말아야 한다고 주장하는 것이죠.

인간 사회의 문제로 예를 들어 볼게요. 약자의 권리를 위해 싸울 때 '불쌍해서' 도와야 한다는 관점이 아니라 차별로 약자가 불이익을 겪는 이 '사회의 구조적인 문제를 바로잡자'고 목소리를 내는 것입니다. 결국 이런 목소리가 언론에 도달하고, 사람들의 생각이 바뀌면 법 개정을 촉구하게 되니까요. 중요한 것은 인식의 문제입니다. 어떤 대상은 차별받아 마땅하고 착취당해도 정당하다고 여기는 인식의 문제를 꼽는 것이지요.

이렇듯 비거니즘이 진보적인 가치를 담은 것은 사실이지만, 스스로 우월한 차원에 속해 있다는 오만함이 앞선다면 이 또한 다른 방식의 차별만 보여 줄 뿐이겠지요. 태어나면서부터 비건의 정체성을 일관되게 유지하는 사람은 거의 없을 거예요. 우리는 늘 우리의 자세를 고민해야 합니다. 비건이든 아니든 서로를 이해하며 조화롭게 이 땅에 살 수 있도록 하는 것이 진정한 비거니즘이 아닐까요?

폭력과 차별을 반대하는 모든 운동은 비거니즘과 연결되어 있어요. 성性차별과 종種차별은 다른 문제가 아니지요. 인간을 위해 임신과 출산을 반복해야 하는 동물, 평생 알만 낳고 살아야 하는 닭의 문제를 인간으로 치환해서 보자면 여성에게 강요되었던 문제와 다르지 않다고 보기도 합니다.

모든 생명이 자유롭게 삶을 누릴 권리에는 순서가 따로 없습니다. 순서가 있다고 보는 태도야말로 차별에서 벗어나지 못한 관점이에요. 동물권을 이야기하는 사람들은, 동물보다 우월한 존재라고 여기며 군림해온 인간의 현재 모습을 반성하고 관계를 재정립하자는 데에 그 뜻이 있어요. 같은 맥락으로, 여성권을 이야기하는 사람들은 남성 중심의 사회에서 억압이나 불이익을 받아온 역사를 반성하고 동등한 인간으로 공존하자는 데에 뜻이 있지요. 여성 인권과 동물권, 모든 억압당한 존재들의 권리를 주창하는 것이 다르지 않다는 것이지요.

살아 있는 동물이 도살당하면서 고통스러워 비명을 지르고 피가 흩뿌려지는 장면을 보며 기뻐하거나 즐거워하는 사람은 없을 거예요.

　인간의 본성은 사랑을 전제로 하고 있기에 나 자신을 사랑하고 나를 존재하게 하는 이 세상의 모든 것들을 사랑할 줄 아는 잠재력을 가지고 있습니다. 순수한 인간성은 그것이 발현될 기회에 세상에 드러나지요. 그럴 때 세상은 사랑으로, 더 큰 사랑으로, 마침내 온전한 사랑으로 진화해 갈 거예요.

삶을 즐기는 비거니즘

비거니즘은 우리 삶의 모든 부분에 적용해 볼 수 있습니다. 동물을 일방적으로 착취하는 상품이나 서비스까지 일절 이용하지 않기 때문에, 어찌 보면 굉장히 많은 부분에서 제약을 경험하기도 합니다. 그러나 창의적으로 비거니즘을 즐기는 방법 또한 무수히 많습니다. 다만 우리에게 익숙하지 않은 방법들이라 처음에는 다소 불편하다고 여길 수도 있을 거예요.

그러나 편하고 불편하고, 익숙하고 덜 익숙하고의 갈등에서 우리는 당장 쉽고 편한 것들만 선택해 왔기 때문에 막다른 골목에까지 다다랐다고 봅니다. 비거니즘에서 분명히 얘기하는 것은, 가치 있는 삶이란 편한 데에만 있지 않다는 거예요. 그리고 당장은 익숙하지 않아서 불편하게 느껴지는 것들이 궁극적으로는 우리의 몸과 마음을 모두 건강하게 해 준다고 믿는 것입니다. 그래서 비거니즘의 가치를 제대로 알고 나면 절대 그 이전의 삶으로 돌아갈 수 없습니다. 돌아가고 싶지 않게 되지요.

지금까지 우리는 비거니즘에서 허용하지 않는 범위를 먹는 문제에 상당 부분 초점을 맞추어 이해했어요. 조금 더 확장해서 동물실험에 반대해 비건 화장품을 선택하고, 오리털이나 거위 털 대신 솜 패딩을 고른다면 비건 철학을 어느 정도 실천하고 있다고 볼 수 있겠지요.

더불어 비거니즘은 동물과 식물 등 생명을 다루는 방식뿐만 아니라 이 생명의 터전인 지구 환경 문제에도 깊은 관심을 갖습니다. 에코eco-라는 단어는 우리 사회의 다방면에 쓰이고 있지요. 원래는 에코 프렌들리eco-friendly에서 나온 말이지만 보통 줄여서 에코라고 많이 씁니다.

그중 에코백은 가장 흔하게 들어 본 말일 거예요. 한 번 쓰고 버리게 되는 비닐 봉투는 환경 오염에 치명적인 영향을 미치게 되지요. 그래서 자연환경을 오염시키지 않고 자연 그대로에 잘 어울리도록 만든 것이 에코백이에요. 자연 친화적으로 가꾸거나 만들거나 소비하는 모든 방식에 '에코'라는 말을 붙일 수 있습니다. 이런 인식이 확산해 환경친화적인 제품을 사용하는 건 좋은데, 에코백이 유행하다 보니 너무 많은 에코백이 생산돼서 원래의 취지에 맞지 않는 아이템이 되어 버리기도 했어요. 환경을 생각해서 원자재를 까다롭게 선별하는 것도 필요하지만 무엇이든 과도하게 소비

하고 쉽게 버린다면 에코 라이프라고 할 수 없을 거예요. 무늬만 에코일 뿐이지요.

그리고 일회용 종이컵이 얼마나 오랫동안 썩지 않고 환경을 오염시키는지 우리는 너무도 많이 들어 왔어요. 우리나라만 해도 1인당 소비하는 종이컵이 연간 평균 240개 정도 된다고 합니다. 주말 빼고는 매일 종이컵 하나씩을 소비하는 정도의 계산이 나오네요. 그래서 종이컵 대신 개인 텀블러를 쓰자는 운동이 한창이기도 했지요. 그런데 이 또한 여기저기서 사은품 등으로 많이 생산하다 보니 사은품 욕심에 필요하지도 않은 제품을 사고, 말 그대로 예쁜 쓰레기만 집 안에 가득 쌓이게 되었어요. 종이컵을 아끼겠다고 다른 플라스틱 제품을 더 많이 만들어 내고, 다 쓰지도 못하고 쟁여 두기만 한다면 이것도 올바른 방법은 아니겠지요.

처음 취지는 좋았지만 결국 이도 저도 아니게 되어 버린 것은, 과도한 소비가 발단이 된 거예요. 동물을 착취함으로써 얻는 육식 자체에도 문제가 있다고 보지만, 귀하게 받는 마음 없이 너무 많이 소비하고 음식 쓰레기로 버리는 문제를 비거니즘에서는 중대한 사안으로 봅니다. 육식 대신 채식을 하는 것과 더불어 환경 문제도 생각하지 않을 수가 없게 된 것이지요.

그래서 비거니즘에서는 제로 웨이스트^{zero waste} 운동 또한 활발히 하고 있어요. 제로 웨이스트는 말 그대로 쓰레기를 만들지 않는 삶을 지향해요. 먹고 구입하고 살아가는 방식을 변화시키면, 지구에 악영향을 덜 미치는 방식이 된다고 봅니다. 그렇다고 못 먹고 못 입고 못 누리고 사는 삶이 아니에요. 오히려 제로 웨이스트를 선택한 사람들은 이전보다 훨씬 더 충만한 행복을 느낀다고 해요. 마음은 훨씬 더 부자가 되었고, 삶도 더 풍요로워졌다고 느낍니다.

에코백이나 개인 텀블러를 이용하는 것은 기본이에요. 나의 소유는 나에게 책임이 있는 것이지요. 내가 책임질 수 없으면 나의 것이라고 말할 수가 없습니다. 온전히 내가 소유하고 평생을 책임진다고 생각해 보세요. 훨씬 더 소중하고 예쁘게 느껴질 거예요. 그것들은 어딜 가든 나와 함께 하고 나의 소중한 신념을 보여 줄 소중한 친구가 되어 줍니다.

그리고 배고플 때는 무엇이든 다 먹을 것 같지만 실제로 먹다 보면 남기기 일쑤죠. 음식 쓰레기를 만들지 않는 것도 정말 중요한 습관이에요. 그렇다고 쓰레기를 남기지 않으려고 억지로 먹으라는 건 아닙니다. 처음부터 너무 욕심을 부리지 않고 적당히 덜어 먹는다면, 사람들 입에 들어가지도 않고 버려지는 음식은 훨씬 줄어들 거예요.

한번은 인도에서 맛있는 빵과 커리로 과식을 하고 '배불러 죽겠다'고 말한 적이 있어요. 그때 인도 친구가 말하기를, 이런 표현을 부끄럽게 여겨야 한다더군요. 세상에는 배고픈 사람도 많고 굶어 죽는 사람도 많은데, 많이 먹고 그런 말을 한다는 건 정말 부끄러운 일이라고 했어요. 저는 그 말을 듣고 너무나 부끄러웠습니다. 음식을 적당히 먹고, 쓰레기로 만들지 않는다는 것은, '나'라는 생명을 살리기 위해 음식으로 와준 소중한 자연과, 그 과정에서 노력해 준 많은 사람의 노고에 감사하는 뜻도 담겨 있습니다.

밖을 다니다 보면 요즘은 손을 닦을 수 있는 티슈가 비치되어 있는 곳이 많아요. 불가피할 때는 한 장씩 쓸 수도 있겠지만 여러 장을 마구 뽑아 쓰고 휙 버리는 사람도 아주 많이 보게 됩니다. 내 것이 아니라고 여기기 때문에 소중하게 다루지 않는 것이지요. 사실, 내 것이 아니기 때문에 더 소중히 다루어야 하는 게 아닐까요?

채식을 할 때도 불필요한 과정을 많이 개입시킨 상품인지 따져 보는 것도 필요하리라 봅니다. 마트에서 볼 수 있는 채소들의 생산 과정에도 인위적인 개입이 들어간 상품이 아주 많아요. 애호박의 경우 꽉 끼는 비닐로 낱개 포장된 것을 많이 보았을 거예요. 처음에는 호박 하나하나 상처 나지 않도록 포장을 한 것으로 생각했는데, 알고 보니 호박을 예쁘게 보이려고 만든 거라고 해요. 물론 포장의 의미도 있어요. 더 중요한 것은 다 같은 모양으로, 같은 크기로 일률적으로 자라도록 호박이 자라기 전부터 미리 그런 비닐을 씌우는 거랍니다. 정식 명칭은 '인큐 비닐'이라고 해요. 신생아를 키우는 인큐베이터처럼 어린 애호박에 비닐을 씌워 키우면, 일정한 모양의 상품으로 자라기 때문이에요. 그렇게 생산하는 이유는 단순합니다. 사람들이 보기 좋은 농산물을 선호하기 때문이지요.

호박은 훌륭한 음식 재료지만, 인큐 호박은 과연 건강한 방식으로 키워진 건강한 채소일까요? 제가 만약 그 호박이라면 굉장히 스트레스를 받으며 자랐을 것 같아요.

거기다 재활용도 되지 않는 복합 플라스틱인 'other'◆로 씌워져 있으므로 환경을 생각한다면 '못난이 채소'라도 괜찮다는 인식이 확산되어야 합니다. 사실 채소에 못난이라는 이름을 붙인다는 것도 불공평하다는 생각이 들어요. 마트에서 유통되지 못하는 크거나 작거나 조금 비뚤어지게 자란 채소를 못난이로 부르니, 열심히 자란 채소 입장에서는 정말 억울한 일이지요. 그런 채소들은 소비자 손에 가기도 전에 산지에서 폐기되는 일이 허다하다고 합니다.

이런 문제를 개선하려는 비거니즘 실천자들은 어떻게 하고 있을까요? 불필요한 포장을 최소화한 것, 환경 문제에 적극적인 고민이 들어간 제품을 선택해요. 그리고 재활용품으로 분리하기 전에 직접 '재활용'할 수 있는지 생각해 보는 것 또한 비거니즘에 창의적인 역할을 부여하는 것입니다.

쓰는 사람, 버리는 사람, 청소하는 사람, 다 따로 있는 듯 보이지요? 그러나 우리는 각자 맡은 일이 다를 뿐 지구라는 품에서 떠날

◆ 플라스틱 'other'는 두 가지 이상의 플라스틱 재질이 섞인 복합 재질이거나, 플라스틱에 다른 재질이 도포된 것을 의미한다. 이는 재활용이 어려워 일반 쓰레기로 버려진다.

수 없는 커다란 하나로 살고 있어요. 그래서 결국 누리는 사람과
피해 입는 사람이 따로 있지 않습니다.

동물을 사랑하지만
고기는 먹고 싶은데 어떡해요?

동물을 사랑하는 것은 자연스러운 본성이라고 생각합니다. 아주 어린 아기가 강아지나 고양이와 함께 뒹굴며 깔깔거리고 웃는 동영상도 많이 보았을 거예요. 동물은 더러우니 만지면 안 되고 가까이 가면 다친다고 가르치지 않는 이상 아기는 동물과 자연스럽게 어울릴 겁니다.

우리는 본능적으로 벌레를 싫어하고 피한다고 생각할지 모르지만, 그것은 본능보다는 학습된 것이지요. 따라서 그런 환경 속에서 자란 아이라면, 잠재적으로 동물은 나에게 피해를 주는 것이라고 학습했을 가능성이 높기 때문에 싫거나 혐오하는 대상으로 분류할 것입니다.

반대로 주변 환경에서 그런 학습이 적었거나, 반려동물과 함께 하는 가정이라면 동물에 대해 무척 애정을 느낄 거예요. 그런데 우리는 동물의 세계도 우리가 원하는 방식으로 분류해 놓고 바라본다는 게 우리가 겪는 큰 딜레마지요. 강아지와 고양이는 사랑스럽고 돼지우리의 돼지는 사랑스럽게 보이지 않는 겁니다. 더럽다고만 여기죠. 만약 인간도 돼지우리 속에 살면서 목욕도 하지 않고 배변과 뒹굴어야 한다면 더러운 건 마찬가지예요. 그 어떤 것도 깨끗하거나 더럽게 태어나지 않았습니다.

동물을 사랑하는 마음은 가득한데, 그동안 맛있게 먹어왔던 고기를 끊어야 한다는 것은 정말 큰 결심이 필요해 보입니다. 그런데 '사랑'한다는 마음을 조금 더 깊이 생각해 보기로 해요. 우리가 대상을 사랑한다고 할 때, 그냥 내 눈에 보기 좋고 내 기분이 좋아서 사랑한다고 하는 건 아닐까요? 강아지가 어렸을 때는 너무도 귀여워서 애지중지 자식처럼 키우던 사람도, 늙고 병들어 더는 귀엽지 않으면 내다 버리기도 합니다. 그러나 진심으로 사랑한다면 그렇게 버릴 수 없을 거예요.

동물을 마음 깊이 사랑하게 되면 내 앞에 있는 동물도, 내 눈에 보이지 않는 동물도 다 소중한 생명이라는 것을 알게 되지요. 그 마음이 커지면 채식을 해도 기쁜 마음이 됩니다. 기쁜 마음으로 식사를 하면 내 몸에 건강이 따라오는 건 당연한 이치예요.

그래도 고기를 먹고 싶다면 플렉시테리언으로 생활하거나 대체육 등을 섭취하는 것도 좋은 방법이에요. 조금만 찾아보면 너무도 훌륭한 제품들이 많이 나와 있거든요. 우리가 즐기는 모든 종류의 고기 요리가 지금은 채식으로도 다 가능한 세상이 되었습니다.

사람들이 고기를 먹는 이유가 그 동물을 살생함으로써 얻는 쾌락 때문은 아닐 거예요. 단순히 입에서 맛있다고 느끼기 때문이지요. 맛있는 것은 즐기되 살생만 빠진 제품이 있다면 충분히 그걸 선택할 수도 있겠네요. 반드시 고기여야 하는 이유는 없다고 생각해요.

5장

불량 채식과 건강 채식

채식을 시작하는 사람들

채식하는 사람들을 보면 공장식 축산업의 실태를 접하고 충격받은 경우가 가장 많습니다. 눈 뜨고 보기 힘들 만큼 잔인한 영상을 사람들에게 알리는 동물권 운동가들의 의도는 딱 하나일 거예요. 고기라고 생각하는 음식의 이면에 인간의 무분별한 폭력이 있다는 것을 알게 하는 겁니다. 마음은 불편하지만 이렇게라도 직면하지 않으면 평생을 가도 모를 진실이니까요.

인간이 우월한 위치에서 세상을 지배한다는 생각은 잘못된 것입니다. 인간은 다른 생명을 억압하나 폭력을 행사해서는 안 되며, 지구에 있는 모든 생명과 평화롭게 공존해야 합니다.

전설적인 밴드 비틀즈The Beatles의 폴 매카트니Paul McCartney, 1942~는 "도살장이 유리로 만들어져 있다면 모든 사람이 채식주의자가 됐을 것"이라고 말했지요. 어디서나 도살장을 볼 수 있는 사회 구조라면 육식을 계속하기 어려울 거라는 얘기입니다. 폴은 어느 날 식당에서 양고기를 먹다가 창밖으로 푸른 초원에서 뛰어노는 양들을 보게 되었대요. 그런데 자신 앞에 놓인 고기가 저 양들의 친구라는 사실을 깨달았지요. 그는 이후로 그 동안의 식습관을 통째로 바꾸고 채식인으로 살게 되었습니다. 그리고 '고기 없는 월요일Meat Free Monday'◆이라는 세계적인 캠페인을 제안하게 되었지요.

저의 경우에는 '쥐' 한 마리 때문에 채식을 시작하게 되었어요. 쥐 얘기가 나오니 벌써 불편한 마음이 올라오지요? 반갑지 않은 동물, 더러워서 피해야 하는 동물로 여겨지니까요. 저 또한 그랬습니다.

제가 2002년에 인도 여행을 하던 중 1층의 도미토리◆◆ 숙소에 머물게 되었어요. 여러 사람이 수시로 드나들기 때문에 방문은 거의 열어 두고 있었는데, 어느 날 쥐가 들어와 다들 소리를 지르며 난리가 났어요. 그 숙소에서 일하는 티베트인 친구에게 쥐를 잡아 달라고 부탁했고 친구는 어디선가 녹슨 쥐덫을 구해 왔습니다. 그리고 그 안에 빵조각을 걸어 두어 쥐를 유인했지만, 쥐는 빵만 먹

◆ 폴 매카트니가 그의 두 자녀와 함께 2009년 시작한 캠페인이다. 공장식 축산업이 일으킨 동물들의 고통과 지구 온난화를 비롯한 환경 문제 등을 해결하려고 일주일 중 최소한 하루는 채식을 할 것을 제안한다. 일주일 중 하루만 채식해도 세상을 변화시킬 수 있다고 강조한다. 이 캠페인은 현재 전 세계로 확산되었고 각국의 운동가들은 공공기관, 학교, 기업 등을 대상으로 주 1회 채식 급식을 제안하고 있다. 우리나라에서는 2010년에 '한국 고기 없는 월요일Meat Free Monday Korea'이 설립되었다.

고 유유히 사라지곤 했습니다. 녹슨 덫은 작동하지 않았어요.

그렇게 며칠이 지나고 숙소에 돌아왔을 때 친구가 "쥐를 잡았다"고 하더군요. 저는 반가운 마음에 "그래? 그럼 쥐는 어떻게 했어? 죽였어?"라고 물었더니 친구는 다시 정원에 풀어 주었다고 하더군요.

순간 많은 생각이 한꺼번에 밀려왔어요. 아니, 정원에 풀어 주었다면 다시 들어올 것이 뻔한데, 그것을 모르지도 않을 텐데, 쥐가 있었을 원래 자리로 보내 주었다는 사실을 어떻게 이해해야 할지 당황스러웠습니다. 동시에, 싫어하는 동물이므로 죽여 없애는 것이 당연하다는 생각이 엄청나게 부끄러웠습니다. 그들도 생명인데 내가 좋아하고 싫어하는 것에 따라 구분되어야 한다고 여겨왔던 것이지요. 내가 좋아하면 안아 주고 쓰다듬으며 뽀뽀할 수 있고, 싫어하면 아무렇지도 않게 죽일 수 있고, 먹고 싶으면 음식이라는 이름으로 덧씌워 소비해 온 거죠. 그렇게 구분하는 것이 과연 정당한가, 나는 왜 이런 고민 한번 해 보지 않고 살았을까, 많은 생각이 교차했어요.

그 순간의 복잡한 감정을 풀어 설명하려면 한참이 걸리겠지만, 사실 이 모든 생각은 동시에 일어났습니다. 동시에 저는 채식을 결

◆◆ 큰 방에 여러 개의 침대를 두어 여러 사람이 공동으로 사용할 수 있는 구조이다. 저렴하기 때문에 주로 배낭 여행자들이 이용한다.

심했습니다. 쥐와 채식, 참 어울리지 않는 이야기지요? 하지만 여기서는 사실 쥐가 중요하지 않습니다. 그때의 그 쥐 한 마리는 모든 생명을 대신한 그 어떤 것일 수 있을 거예요.

과거에 맛있게 먹던 고기들이 한때는 소중한 생명이었다는 것은 새로울 것도 없는 사실이지만 저에게는 큰 발견과도 같았습니다. 우리에게 소중한 친구와 가족이 있듯이 그 생명들도 다르지 않을 것이고, 한 마리 쥐 또한 누군가에게는 사랑스러운 친구라는 사실이 말이죠.

채식을 하는 데 있어서 세상이 정한 분류 안에서 결정해야 하는 건 아니에요. 우리 개개인에게도 선택권이 있습니다. 나를 사랑할 권리, 내 몸을 아끼고 돌볼 권리, 내 음식이 되는 것들을 선택할 권리까지도 말이지요.

채식의 가치에 어느 정도 공감한 사람이라도 하루아침에 식습관을 바꾼다는 것은 생각만큼 쉽지 않을 것입니다. 당연한 얘기겠지만, 고기를 맛있는 음식이라고 생각하기 때문에 포기하기가 어려운 거예요. 입맛이 변하거나, 우리의 생각이 변하거나, 무엇이라도 하나만 제대로 변하면 채식인으로 돌아서는 건 사실 어렵지 않습니다. 즐겁지 않은 마음으로 채식을 한다면 오래 유지될 수가 없지요. 즐기는 사람을 이길 수 없다는 말은 채식의 세계에서도 적용될 수 있는 말일 것입니다.

인간에게 동물이 반복적으로 착취당하는 불공정한 현실을 바꾸고 싶지만, 당장 고기를 끊기가 어려운 사람들은 자신에게 맞는 방식을 선택해 시중에 나와 있는 채식 음식을 접해 보는 것도 좋은 방법입니다. 얼마 전까지만 해도 대체육 시장은, 채식에 뜻이 있는 사람들을 기반으로 했기 때문에 맛 자체가 완벽하게 고기를 대체했다고 보기 어려웠어요. 그러나 최근 몇 년 사이, 채식 식품은 그야말로 차원을 달리하듯 진화했다고 말할 수 있을 정도입니다.

진화하는 채식 식품

'비건'이라는 단어는 이제 우리가 소비하는 많은 상품에 당당하게 표기되어 있습니다. 상품을 파는 기업에서도 일부 채식인만을 겨냥한 마케팅을 넘어 모든 사람을 대상으로 하고 있지요. 건강하고 친환경적이라는 매력적인 뜻을 담아 적극적으로 홍보한다는 것은 그만큼 비건에 대한 긍정적 시각이 커졌다는 뜻일 거예요.

초창기의 비건 제품은 단순히 고기를 먹지 않는 사람들을 위해 고기를 흉내 낸 정도였습니다. 제품도 다양하지 않아서 어느 채식 식당을 가서 먹어도 같은 콩고기였습니다. 그런데도 채식을 시작한 사람들에게는 그나마 어렵지 않게 채식을 유지하는 힘이 되기도 했고, 채식 뷔페 같은 곳에서는 남들처럼 푸짐한 식사를 한 것 같은 만족감을 받기도 했지요.

육식을 즐기는 사람들은 이해하지 못했어요. 그냥 차라리 고기

를 먹지, 왜 맛도 없는 콩고기를 먹느라 그 고생을 하느냐고 말이
지요. 맛만 따진다면 진짜 고기를 먹겠지만 자신이 섭취해 온 음식
에 대한 혁명적인 결단을 내린 채식인들에게는 진짜 고기가 더는
맛있지 않습니다. 왜냐하면 입맛이 아닌, 마음이 변했기 때문이에
요. 우리가 인식하는 세상의 모든 면에는 우리의 마음이 들어가 있
어요. 우리가 행복하면 세상도 행복하고, 우리가 고통스러우면 세
상도 일그러져 보입니다. 먹는 음식에서 슬픔을 느낀다면 입이 즐
거울 리가 없지요.

2019년이 '비건의 해'♦로 선정될 만큼 채식이 세계적인 유행으
로 급부상한 것도 한몫했던지, 우리나라의 대체육 시장이 획기적
인 발전을 한 것도 이 무렵부터로 보입니다.♦♦ 이전에는 중소기업
만 접근했었다면 이제는 대기업에서도 팔을 걷어붙이고 나서게
되었지요. 콩고기를 기반으로 한 양념 갈비, 떡갈비, 함박스테이
크, 완자, 닭가슴살, 제육 볶음, 햄버거 패티, 새우나 어포, 각종 만
두까지 종류를 헤아리기도 어려울 만큼 많이 쏟아져 나왔어요. 다

♦ 영국 시사주간지 〈이코노미스트〉가 2018년 말에 발표한 "이코노미스트 세계 경제
대전망 2019"에 담긴 전망 가운데 하나이다.

♦♦ '임파서블 푸드'나 '비욘드미트' 등 해외의 기업을 시작으로 우리나라에서는 CJ 제일
제당, 동원 F&B, 롯데푸드, 농심 등의 기업들이 대체육 연구 개발과 제조에 뛰어들
고 있다.

양한 종류뿐만 아니라 실제 고기와 구분이 어려울 정도로 맛도 흡사해졌습니다. 채식에 관심이 없던 사람들까지도 비건 제품을 선호할 정도입니다. 가짜 고기는 가짜라서 싫다던 사람들이, 진짜보다 더 진짜 같은 '가짜'에 환호하기 시작했습니다. 채식인들 사이에서는 너무 진짜 같아서 오히려 싫다는 반응까지 나올 정도였으니까요.

국내의 채식 문화 박람회, 비건 페스티벌, 비건 페스타 등 여러 축제에서 비건 음식뿐만 아니라 친환경, 유기농, 동물 사랑 콘텐츠와 비건 의류나 생활용품까지 건강한 소비자가 누릴 수 있는 다양한 상품과 서비스를 구경할 수 있어요. 그야말로 눈에 보이는 모든 것이 비거니즘이 될 수 있다는 것을 여실히 느낄 수 있습니다.

비거니즘을 일시적인 유행이라고만 보지 않습니다. 각종 미디어에서도 이런 현상을 앞다투어 보도하고 다양한 채식 요리법도 소개하기에 이르렀어요. 예전의 요리 프로그램이라면 고기가 빠진 메뉴를 상상하기 어려웠는데 고기를 사용하지 않고도 오히려 더 훌륭한 맛을 낼 수 있다는 데에는 다들 격하게 공감하는 분위기입니다.

다수의 소비자가 육식 아닌 채식에 관심을 가지니 음식점이나 카페 또한 진화한 채식 상품을 선보이려고 경쟁할 정도예요. 편의점이나 카페에서도 채식인을 위한 도시락, 음료, 샐러드와 버거 등을 계속 새롭게 출시하고 있지요.

대체육, 가짜 고기, 채식 고기, 어떤 이름으로 불려도 좋을 거예요. "콜레스테롤 0%, 트랜스 지방 0%", 이런 문구도 더는 놀랍지 않을 정도입니다. 이렇듯 생산과 소비의 관계는 늘 정직합니다.

채식이라고 다 같을까?

채식인을 위해 태어난 대체육은 실제 채식인들에게 비판을 받기도 합니다. 맛도 훌륭해서 고기를 대체하는 데에는 이만한 제품이 없어 보이는데, 왜 그럴까요?

채식 음식이라는 이름으로 시중에 나와 있는 제품들은 모두 '고기맛'을 완벽하게 재현한 상품들이 많아요. 몸에 좋다는 식물성으로 고기 맛까지 완벽하게 만들어 냈는데 무엇이 문제인지 알쏭달쏭합니다.

고기맛 자체가 나쁜 것이 아닙니다. 그러나 이 상품들은 동물성만 배제했을 뿐이지 사실은 모두 '가공식품'에 해당하거든요. 육류도 햄이나 소시지 등의 가공육이 몸에 훨씬 더 안 좋다는 얘기는 많이 들어봤을 거예요. 가공식품은 원재료를 먹기 편하게 가공한 것을 말하는데 더 좋은 맛을 위해 또는 오래 보관할 수 있도록 첨가물이 많이 들어가게 되지요. 아무리 식물성이라고 하더라도 먹음직스러운 색깔을 위해서 화학 물질이 첨가된다면 채식이라고 해도 건강에 좋은 음식이라고 말할 수 없을 거예요.

우리가 집에서 요리할 때는 대부분 단순한 과정을 거칩니다. 거기에는 첨가물이 들어갈 이유가 없지요. 바로 조리해서 바로 먹는다면 더욱 그럴 것이고, 일부러 빛깔을 내려고 화학 물질을 넣을 이유도 없습니다.

그런데 가공식품은 유통을 위해 안전한 포장에도 신경 써야 합니다. 식품을 포장하는 비닐이나 플라스틱은 실제로 재활용이 쉽지 않은 점도 문제입니다. 비거니즘은 음식 섭취뿐만 아니라 환경 문제나 지속 가능한 삶에도 관심이 크다고 했지요. 공산품을 소비할 때는 이런 문제가 늘 따라온다는 것도 채식인들에게는 고민이 됩니다.

대체육을 소비하는 사람들은 채식의 범주 안에서 맛있는 음식을 먹고 싶은 사람들일 것이고, 그러한 욕심은 누구도 나무랄 수 없습니다. 다만 채식이든 육식이든 과도한 가공식품이나 건강에 이롭지 못한 조리 방법을 선호한다면 절대 바람직한 식단은 아니라는 것이지요.

간혹 잘못된 채식 생활을 하며 채식의 허점이라고 폄훼하는 사람들도 있습니다. 고기=단백질이라는 공식은 대부분의 사람 머릿속에서 떠나지 않습니다. 고기를 먹을 수 없다면 콩으로 만든 단백질이라도 충분히 섭취해야겠다는 생각까지는 나쁘지 않아요. 그런데 그런 식품에 과도하게 집착하기도 합니다. 단백질을 섭취하지 않으면 정말 큰일 난다고 여깁니다. 걸어 다닐 힘도 없을 것 같고, 근육도 다 없어져 버려 몸이 흐물흐물한 연체동물이 될 것처럼 두려워하지요.

그리고 식물성 단백질은 동물성 단백질과 다르다고 말하는 사람이 많아서, 마치 동물성만이 강한 힘을 만들어 주는 것처럼 생각하는 경향도 있어요. 식물성 단백질은 아무리 많이 섭취해도 뭔가 완벽하지 않을 것 같은 불안감도 작용합니다. 그래서 육식을 하던 때보다 훨씬 더 많은 콩고기를 섭취하게 됩니다. 그것도 지지고 볶고 튀기고, 달고 짠 갖은 양념을 더하기 때문에 맛이 없을 수가 없지요.

사실 고기를 먹는 사람들도 고기 자체보다 양념 맛을 더 강렬하게 느끼는 경우가 많아요. 원재료보다 양념이나 조리 방법 때문에 '맛있는' 음식이라는 기억이 소환되는 것이지요. 따라서 훌륭한 양념만 있다면, 대체할 수 있는 어떤 재료를 넣어도 비슷한 음식이 탄생합니다. 채소의 단조로운 조리법으로는 만족하지 못해서 더 자극적인 양념으로 이전에 먹던 고기류를 재현해 많이 섭취하게 되지요.

단백질 문제도 그렇지만 3대 영양소 중 나머지까지 과도하게 섭취하는 경우도 많습니다. 탄수화물과 지방이지요. 비건 파스타, 비

건 케이크, 비건 도넛, 채소 튀김, 채식 탕수육, 비건 양념치킨 등등
은 식욕을 자극합니다. 고기를 먹지 못한다는 억울함을 보상이라
도 하듯이 이전보다 왕성한 식욕을 자랑하지요. 고기가 아니라도
이렇게 맛있는 음식을 즐길 수 있는 세상이 마치 채식 천국인 것처
럼 미화합니다. 그런데 이런 정크 푸드만 달고 살면서 채식이 몸을
망쳤다고 얘기한다면 누가 들어도 어이가 없을 거예요.

　실제로 채식인 중에는 오히려 더 살이 찌거나 더 건강하지 못한
삶을 사는 사람도 종종 있습니다. 동물성만 뺐다고 해서 건강한 채
식을 하고 있다고 말할 수는 없습니다. 예쁜 비건 케이크의 사진을

찍고, 맛보고, 떡볶이와 라면도 비건으로 마음껏 먹을 수 있다는 것은 분명 채식의 즐거움이에요. 그러나 채식 자체가 건강을 보장하는 울타리가 되어 주지는 않습니다. 건강한 방법을 찾아서 지속적으로 실천하지 않는 이상 '채식이 나를 배신했다'고 통곡할 일이 아니라는 것이지요.

건강한 자연 식물식

육식을 즐기는 많은 사람이 절제하는 식습관에서 벗어나 있습니다. 특히 폭식하는 습관은 성인들의 경우에 치명적인 질병을 불러온다는 점에서 위험하다고 볼 수 있어요. 게다가 이미 고기가 생산되는 방식이 건강하지 못하다는 점은 여러 차례 언급했지요. 아무리 깨끗하게 포장하고 마트에 나란히 진열해 놓는다고 해도, 착취당한 동물의 삶까지 포장할 수는 없을 거예요. 마찬가지로 채식이라 해도 정크 푸드만 무분별하게 섭취한다면 몸의 균형이 깨지리라는 것은 자명한 일입니다.

그렇다면 건강한 음식을 선택하는 데 있어서 가장 중요한 것은 무엇일까요? 간단하게 두 가지로 정리할 수 있을 거예요. 건강한 방식으로 생산되었는가, 양념이나 조리를 최소화했는가, 여기에 한 가지만 더해 보자면 감사하는 마음으로 맛있게 먹는가가 될 것입니다.

먼저 고기에 관해서 얘기해 볼게요. 현대의 공장식 축산에서는 건강한 방식으로 고기가 생산된다는 것이 불가능합니다. 그렇다면 방법은 하나밖에 없지요. 동물을 시멘트 바닥의 공장에 가두지 않고, 흙과 풀이 있는 농장에 풀어놓는 거예요. 매일 건강한 음식을 챙겨 주고 동물들의 배변도 치워 주며 사랑으로 키웁니다. 그러다 때가 되어 우리 식탁에 고기가 필요할 때는 직접 도살을 해야겠지요. 그러나 이 과정은 우리의 마음에 무언가 자연스럽지 않은 불편함을 느끼게 합니다.

채식은 어떨까요? 환경이 허락된다면 직접 농작물을 심고 거두는 방법이 가장 좋겠지요. 시골만 가도 이렇게 사는 사람들은 아직 많아요. 한겨울만 빼고는 밭에서 자랄 수 있는 식물이 무궁무진하니까요. 제때 씨를 뿌리고 키우면 나머지는 자연이 알아서 해 주지요. 때가 되면 식물들은 꽃을 피웁니다. 그리고 태양은 열매를 익게 하지요. 작은 씨앗에 있던 생명은 잘 자라나 우리의 마음을 행복하게 해 줍니다. 잘 익은 열매를 따면서, 자연의 섭리를 거스르는 듯 불편함을 느끼는 사람이 있을까요? 대부분은 충만한 기쁨으로 수확을 하리라 생각해요. 이것만 보아도 채식은 우리 인간과 조화로운 방식의 식생활입니다.

자연의 이치를 고스란히 느끼며 이렇게 사는 것이 이상적이긴 하지만, 안타깝게도 현실적으로는 거의 불가능한 일이기도 하지요.

채식하는 인구가 많아지면서 대체육을 통해서 채식도 다양하게 즐길 수 있다는 점은 매우 긍정적인 일이라고 봅니다. 그러나 가공식품의 한계를 명확하게 아는 것이 필요해요. 또한 '무조건 채식'이 아니라 '건강한 채식'이 되어야 할 것입니다.

채식을 알리는 의료인들은 건강한 채식으로 단연 '자연 식물식'을 꼽습니다. 자연 식물식이란 우리가 지금까지 알아본 그냥 채식, 즉 동물성 식품을 먹지 않는다는 의미를 포함하기도 하지만 그것만이 전부는 아니에요. 비건이 기본이지만 시중에 나와 있는 비건 제품들을 권하는 것도 아니지요. 말 그대로 '자연 그대로의 식물'을 섭취하는 방식이라고 보면 됩니다. 언뜻 들으면 정말로 풀만 먹고 살라는 것인가 오해할 수도 있을 거예요. 이상적인 생산과 소비의 과정을 다 취할 수는 없지만, 이상적인 채식 방법으로 제시되는 것이니 차근차근 살펴보도록 하겠습니다.

자연 식물식은 과일과 채소를 주로 먹는 방법을 권해요. 과일이야 따로 조리 과정을 거치지 않으니 있는 그대로 섭취하는 게 어렵지 않을 거예요. 채소 또한 복잡한 조리 과정을 거치지 않고, 필요하다면 최소한의 과정만 거치는 것을 권하고 있어요. 우리는 이런 방식으로 먹어 본 적이 거의 없어서 볶고 튀기고 하지 않는데도 맛있는 요리가 될 수 있다는 것에는 상당히 의구심이 들 수도 있습니다. 그런데 한편으로는 정말 우리는 이런 방식으로 먹어본 적이 없어서 그 진짜 맛을 모른다는 점도 생각해 볼 필요가 있어요. 자연 식물식의 기본 취지는, 자연 그대로의 맛을 최대한 살리는 것이 중요합니다. 그래야 우리 몸이 필요로 하는 영양소나 에너지가 파괴되거나 변형되지 않고 우리에게 고스란히 온다고 보는 것이지요.

자연에서 얻을 수 있는 자연 그대로의 식물이란 흰쌀 대신 현미, 감자, 고구마 등과 해조류, 과일, 콩과 견과류 등을 일컫습니다. 그렇다고 생채식만을 의미하는 것은 아니에요. 자연 식물식이 생채식을 포함하기도 하지만 채소를 조리하지 않고 생으로 먹는 채식보다는 좀 더 넓은 범위가 가능하지요. 채소를 삶거나 볶아도 여전히 자연 식물식이랍니다. 그러니 우리가 흔히 먹는 밥과 채소 반찬은 모두 자연 식물식이라고 볼 수 있어요.

좀 더 구체적인 예를 들어 볼게요. 현미로 지은 현미밥은 자연 상태 식물성 식품이지만 속껍질을 벗긴 백미로 지은 백미밥, 현미 가루로 만든 현미 쌀국수, 현미를 으깨서 만든 현미 가래떡, 현미 튀밥, 현미 뻥튀기 등은 1단계 가공 식물성 식품에 해당합니다. 통밀을 그대로 삶거나 찌면 자연 상태 식물성 식품이지만 통밀가루로 만든 통밀빵, 통밀 파스타, 통밀 국수, 통밀 수제비 등은 1단계 가공 식물성 식품이에요. 옥수수도 삶거나 찌거나 구우면 자연 상태 식물성 식품이지만 강냉이, 팝콘은 1단계 가공 식물성 식품이라고 봅니다.◆

윤리적인 문제로 동물을 도살하는 것에 반대하는 채식인이 많습니다. 지구 온난화 문제를 꼽으며 당장 육식을 멈추지 않으면 인류 전체가 멸망하는 수준까지 이를 거라고 경고하는 기후학자들도 있지요. 인간의 먹는 본능이 탐욕으로까지 커져, 지구에 가장 위협적인 요소가 되는 상황에서는, 사실 우리가 건강을 지키고자 어떤 채식을 할 것인가의 문제는 시급하지 않을 수도 있어요. 왜냐하면 아무리 건강식을 하며 잘 먹고 잘살아보려고 해도 이 지구가 사라지면 아무 의미가 없을 테니까요. 그래도 다행인 것은, 육식을 끊고 이상적인 자연 식물식으로 넘어가는 데 시간이 걸리는 문제는 아니라는 점입니다. 모든 것을 동시에 시도해 볼 수 있고, 긍정적인 결과도 동시에 얻을 수 있다는 점이에요.

고기와 대척점에 있던 채식의 세계였기 때문에 전혀 다른 두 세계를 이어줄 대안으로 대체육이 환영받았지요. 채식이 완전히 자

◆ 이의철, 《조금씩, 천천히, 자연 식물식》, 214쪽, 니들북, 2021.

리 잡지 않았을 때는 일시적으로나마 획기적인 대안이 될 수는 있을 거라고 봅니다. 대부분 사람에게는 완전 채식으로의 전향은 삶을 통째로 바꾸는 것과 다르지 않거든요. 다만 이 기간이 너무 길어지면 자칫 채식은 식품 첨가물 범벅인 건강하지 못한 식습관이라는 오해 또한 뿌리 깊게 자리하게 될지도 모르겠습니다. 사람들의 오래된 오해들이 채식 세계의 견고한 장벽이 되고 있기 때문입니다.

따라서 자본주의의 공장 음식들을 냉동실에 넣어 두고 먹는 것보다는 자연에서 얻은 신선한 식물식을 즐기며 사는 것이 가장 훌륭한 채식 방법이라고 말하고 싶습니다.

유전자 변형 식품은
괜찮나요?

유전 공학이 발전하다 보니 품종 개발이라는 명목으로 유전자를 변형한 농수산물이 많이 쏟아져 나오고 있지요. 유전자 변형 기술을 활용해서 생산해 낸 농수산물을 GMO^{Genetically Modified Organism}라고 통칭한답니다. 최초의 GMO는 1994년 '무르지 않는 토마토'였어요. 농산물을 저장하는 데에도 많은 기술을 접목시켜야 했는데 무르지 않는 토마토라면 저장 비용이 절감되는 효과가 있었을 거예요.

어떻게 하면 돈을 적게 들여서 수확을 많이 하고, 싸게 먹을 수 있을지 고민을 거듭하다 보니, 아주 많은 GMO 농수산물이 쏟아져 나오기 시작했습니다. 그러나 GMO는 사람들에게 해가 될 수 있다는 주장이 제기되기 시작했어요. 자연 현상을 인위적으로 변형한다는 것은 아직 다 파악하지 못한 문제점을 안고 있다고 보는 것이지요. 유전 공학 기술은 그 기술을 이용해 무엇을 만들어 이용하는 것만 볼 뿐, 미래는 담보할 수 없다고 봅니다.

우리나라는 유전자를 변형한 농산물을 재배해서 유통시킬 수가 없어요. 하지만 수입 농산물이나 농산품, 가공식품 등은 유전자 변형 농수산물을 이용해 제조한 것이 상당수입니다. 특히 우리나라는 세계 1~2위의

GMO 식품 원료 수입국이에요. 마트에서 캔에 든 옥수수를 산다고 하더라도 라벨에는 GMO 표시가 되어 있지만, 그 식품 안에 어떤 유전자 변형 물질이 들어가 있는지는 알 수 없습니다. 그냥 유전자 변형으로 생산된 옥수수로 만든 캔이라는 것만 알 수 있지요.

애초에 GMO 농산물이 대량으로 필요했던 곳은 공장식 축산업이에요. 가성비 좋은 곡물을 먹여서 빨리 키워내고 빨리 도축해서 빨리 돈을 벌 수 있으니까요. 우리가 당장 GMO 식품을 피한다고 하더라도, 육식을 한다면 GMO 사료를 먹고 자란 동물을 먹게 되는 것이니 GMO 식품에서 자유로울 수가 없겠지요. 바닷속 어류 중에서도 덩치가 큰 참치나 상어류 등 대형 어류에 수은 함량이 높은 것처럼 말이에요. 먹이 사슬의 가장 꼭대기에서 군림하고 있는 우리 인간에게 수은이든 GMO든 모든 문제가 집결됩니다.

누구나 안전하고 건강한 음식을 먹고 싶을 거예요. 우리가 직접 생산해 먹는다면 별 문제가 없겠지만, 생산과 소비가 얽힌 현대 사회의 시스템 안에서는 '제대로 알고 선택해야' 하는 문제가 남게 되지요.

6장 채식에 대한 흔한 오해

단백질은 어디서?

채식인들이 가장 많이 듣는 말이 있어요. "단백질이 부족하지 않아?", "단백질 섭취는 뭐로 해?", "그래도 닭가슴살은 먹어야지." 등등이지만 사실 다 같은 말이지요. 앞에서도 말했듯이 채식하면 고기를 먹지 않게 되니 단백질을 일절 끊게 되는 것으로 생각한다는 거예요. 그러면 우리 몸의 근육도 다 소실될 것처럼 여긴다는 점입니다.

단백질은 우리 몸에 꼭 필요한 아주 중요한 영양소예요. 근육이나 내장, 뼈와 피부 등 우리 몸을 만드는 역할을 합니다. 이 단백질을 끊으면 어떻게 될까요? 당연히 심각한 문제들이 생겨날 수 있어요. 그런데 여기서 '끊는다'는 말에 집중해 보세요. 고기를 먹지 않는다는 것이 단백질을 끊는다는 뜻이 아니거든요. 단백질은 고기에서 섭취하는 것이라고 여겼던 사람들은 쌀에도 감자에도 토

마토나 양배추에도 단백질이 들어 있다고 얘기하면 많이 놀랍니다. 들어 있더라도 아주 적은 양만 있지 우리 몸에 필요한 만큼은 절대 아니라고 생각하지요.

그렇다면 단백질을 많이 섭취하게 됐을 때는 어떤 문제가 생길까요? 여기에 대해서는 대부분의 사람이 깊이 생각해 보지 않았을 거예요. 오히려 많이 섭취하면 근육량도 늘어나고 힘도 더 세질 것이라고 막연히 생각하는 경향이 있습니다. 더 정확히 표현하면 동물성 단백질을 진리로 여깁니다. 그래서 운동 후에는 반드시 동물성 단백질을 먹어야 하며, 닭가슴살을 먹으면 자기의 근육도 단단해진다고 생각하지요. 단백질이 부족할까 봐 전전긍긍하는 사람은 보았어도, 너무 많이 섭취하는 게 문제가 된다고 생각하지 않습니다.

'고기=단백질=힘'이라는 공식이 널리 퍼져 있기 때문에 여전히 우리는 단백질에 대한 애착이 남다르지요. 그렇다면 근육과 힘을 많이 필요로 하는 운동선수의 경우는 어떨까요? 당연히 그들도 단백질을 가장 중요한 영양소로 보고 있습니다. 그래서 누구보다 고단백, 고열량 음식을 섭취함으로써 운동으로 인한 열량 소모를 보충하지요.

그런데 단백질은 근육을 만드는 데 필요한 영양소이긴 하지만 사실 근육을 만드는 것은 음식보다 운동이에요. 그래서 운동선수가 고기를 충분히 먹기 때문에 근육이 생긴다기보다 운동을 꾸준히 해서 근육이 커지는 것이죠.

'식물성 단백질은 필수 아미노산이 부족하므로 반드시 동물성 단백질을 먹거나 식물성 단백질을 정교하게 조합해서 먹어야 한다.'라는 주장이 영양학적 지식이 있는 사람들의 상식처럼 취급되어 왔습니다. 하지만 식물성 단백질에 있는 단백질의 양과 필수 아미노산은 전혀 부족하지 않아요. 이런 주장은 단백질과 관련된 미신에 불과하다고 전문 의료인조차 딱 잘라 말합니다. 단백질을 추가로 더 먹는다고 해서 근력이나 근육의 크기가 증가하지는 않지요. 최소 필요량 이상의 단백질은 몸에 축적되기보다 바로 배설되거나 근육이 아닌 지방으로 축적됩니다.◆

게다가 우리의 환상과는 달리 실제로 우리 몸은 단백질이라는 영양소를 그리 많이 필요로 하지 않습니다. 심지어는 채식인들조차 과거에 학습되었던 단백질 신화에 사로잡혀서, 고기를 대신할 단백질로 콩 제품을 빠뜨리지 않고 섭취하는 경우가 많아요. 무엇이든 과하거나 부족하면 문제가 되지요. 대부분의 사람들이 필요 이상으로 단백질을 섭취해서 오히려 여러 질환에 시달립니다.

단백질을 만능이라고 여기는 사람들이 많습니다. 특히 운동하는 사람들과 건강에 관심 있다는 사람들 사이에서는 단백질이 숭배되고 있습니다. 채식을 하게 되면 이것이 사실과 다르다는 것을 알

◆ 이의철,《조금씩, 천천히, 자연 식물식》, 114~119쪽, 니들북, 2021.

게 됩니다. 단백질이 중요하지 않아서가 아니라 우리가 필요 이상으로 단백질에 집착하고, 오히려 넘치도록 섭취하고, 그 과정에서 고기만이 유일한 단백질 공급원인 듯 여긴다는 것이 문제라는 점입니다.

나쁜 탄수화물

단백질은 치켜세워지기라도 했지, 사실 탄수화물만큼 억울한 영양소가 있을까요? 탄수화물은 단백질, 지방과 함께 인간에게 가장 중요한 에너지원으로 사용되어 온 3대 영양소예요. 우리 몸에 가장 우선적으로 연료를 공급하는 성분이지요. 잠시라도 멈추면 안 되는 우리의 심장을 잘 뛰게 하고, 두뇌 활동까지 원활하게 하는 아주 중요한 영양소입니다. 그래서 특히 학생들에게 아침을 거르지 말고 꼬박꼬박 챙겨 먹으라고 하는 이유가 되기도 합니다. 밤새 쉬고 있던 뇌를 깨워 활발하게 작동할 수 있도록 해 주는 게 바로 탄수화물이기 때문이에요.

세계 보건 기구가 권장하는 이상적인 섭취는 탄수화물 60퍼센트, 단백질과 지방은 각각 20퍼센트 정도예요. 오랜 옛날부터 현 인류까지, 가장 안전하고 건강한 방식이라고 공표하고 있습니다.

탄수화물의 비율이 생각보다 높지요. 이렇게 많이 먹으면 살이 찌지 않을까요? 탄수화물 하면 우리가 쉽게 떠올리는 것이 밥이나 빵, 국수 등인데 탄수화물이 나쁘다고 오해받는 게 여기에 있습니다. 바로 정제 탄수화물이지요.

탄수화물은 탄수화물인데 '정제'라는 이름이 붙게 되니 완전히 다른 역할을 하게 되는 것입니다. 앞 장에서 얘기한 자연 식물식의 방법으로 섭취한 탄수화물은 채소, 과일, 통곡물 등 자연에서 얻어진 거의 그대로 섭취하기 때문에 우리 몸에 나쁜 지방을 만들지 않아요. 그런데 흰쌀밥, 밀가루 빵, 통밀이 아닌 일반 파스타, 시리얼, 국수, 라면, 과일주스 등은 공장에서 만들어진 정제 탄수화물의 대표 식품입니다.

식사하고 나면 이런 정제 탄수화물은 포도당으로 바뀌어서 췌장을 자극해 인슐린을 공급합니다. 그 인슐린과 포도당이 우리 몸 곳곳에 전달되지요. 이 과정이 끝나는 데 걸리는 시간이 단순당의 경우 너무나 빠릅니다. 시중의 달콤한 빵 등은 많이 먹어도 얼마 지나지 않아 허기가 지는 현상이 생기게 돼요. 소화가 빨리 되니 우리 몸에 필요한 만큼 전달되고 남은 당은 갈 곳이 없어지겠지요. 어쩔 수 없이 이 탄수화물은 우리 몸에 지방으로 저장됩니다. 라면이나 빵을 먹으면 살이 찌는 이유가 여기에 있어요. 탄수화물이 살을 찌게 하는 나쁜 영양소라고 오해받는 것도 이 때문입니다. 정제 탄수화물도 문제이지만 여기에는 적지 않은 지방이 포함되어서

살이 찌는 거예요. 곡물을 기본으로 해서 만든 식품이기는 하지만 엄청난 나트륨과 화학 물질 범벅인 것을 한꺼번에 '탄수화물'이라고 칭하니 탄수화물은 정말 억울할 수밖에 없을 거예요.

그러면 흰쌀밥 대신 정제하지 않은 현미밥이나 통곡물을 먹으면 살이 찌지 않을까요? 예, 찌지 않습니다. 이들은 아주 천천히 당을 공급해요. 소화가 천천히 되기 때문에 탄수화물이 우리 몸에서 연료로 사용되는 시간도 느리고 길어집니다. 안정적이라는 얘기입니다. 당연히 필요 이상으로 남아도는 당도 줄어들고 크게 배고프다고 느끼지도 않아요. 그러니 끊임없이 먹지도 않을 것이고 체중도 자연스럽게 조절이 됩니다. 이런 식사법은 일시적인 다이어트가 아니라 평생 유지할 수 있는 건강하고 이상적인 방법이라고 봅니다.

우리나라에 서구식 식문화가 들어오기 전에는 쌀 소비량이 지금보다 세 배는 더 많았습니다. 옛날에는 고봉밥이라고 하는, 소위 그릇에 밥을 한가득 담아 푸짐하게 먹었습니다. 지금 방식으로 이해하자면 그때 사람들이 탄수화물 섭취가 많았기 때문에 다들 비만이어야 마땅하지만 오히려 그 반대예요. 고봉밥과 함께 밭에서 뜯어온 나물들을 주식으로 먹으면서, 비만이라는 단어도 없었을 뿐더러 다이어트라는 사치도 존재할 수가 없었지요.

통계청의 자료를 보면 1970년의 연간 1인당 고기류 소비가 5.3킬로그램이었던 것이 해마다 증가해 2018에는 53.9킬로그램으로

늘었어요. 탄수화물 소비는 줄고 육류 소비가 열 배나 늘었는데,
탄수화물 때문에 한국인이 살이 찌고 있다는 것은 정말 어불성설
입니다.

　MBC 스페셜 〈목숨 걸고 편식하다〉 프로그램에서 황성수 박사◆
는 이렇게 강조했어요. 현미밥을 한 달 정도 꾸준히 먹으면 고혈압
이었던 사람은 정상으로 돌아오고, 살이 찐 사람은 살도 빠진다고
요. 이렇듯 현미밥과 채식의 식습관을 강조합니다. 더불어 운동을
병행하여 꾸준히 실천하는 것이 중요하고, '골고루'가 아닌 '골라
서' 먹으라고 합니다. 우리 몸은 편식을 원한다고 말이지요.

◆　황성수 박사는 베지닥터를 설립하였고, 현재는 베지닥터의 감사이자 힐링스쿨의 교
　장, 황성수 의원의 원장으로 약이 아닌 자연 식물식으로 만성질환을 치료하는 데에
　힘쓰고 있다.

채식하면 힘이 없어

다큐 〈더 게임 체인저스The Game Changers〉를 보면 수많은 운동선수가 육식에서 채식으로 바꾸면서 회복력과 지구력 등이 높아졌다고 말합니다. "우리는 육류 회사의 마케팅에 속고 있어! 채식이 짱이야!" 라며 놀라워하지요. 스테이크 먹는 남자를 남자답다고 하고, 남자가 샐러드를 주문하면 애개개 비웃는 게 모두의 머릿속에 박혀 있는 이상한 선입견이라는 것입니다. 또한 채식하는 운동선수들은 극소수일 거라고 생각할 수 있는데, 조금만 관심을 가져도 얼마나 많은 선수가 놀라운 체험담을 공유하는지 알게 될 거예요.

같은 신체 조건을 대상으로 남성 호르몬 실험도 진행하게 되었는데, 채식을 했을 때 오히려 육식 때보다 더 높은 남성 호르몬 수치를 보여 주었고, 육식을 한 날은 오히려 남성 호르몬 수치가 감

10대와 통하는 채식 이야기

소하는 것으로 나타났어요. 모든 사람들이 믿어 의심치 않았던 육식과 단백질에 관한 환상을 한방에 깨 버리는 내용이었지요.

그런 의미에서 본다면 그동안 한국인이 사랑한 보신탕, 장어탕, 이 밖에도 힘을 나게 해 준다는 무수한 요리도 더는 건강식으로 불릴 수 없을 거예요. 여기서 가장 중요한 사실은 '채식을 해도 힘이 약해지지 않는다'는 것이 아니라 '오히려 더 건강하고 더욱 힘이 난다'는 것이죠.

이 다큐를 제작한 루이 시호요스Louie Psihoyos, 1957~는 아카데미 수상작 〈더 코브: 슬픈 돌고래의 진실The Cove〉*의 감독이기도 해요. 그가 채식인이 된 계기는 돼지농장에 갔을 때라고 합니다. 죽인 돼지를 컨베이어 벨트에 걸어 해체하는 걸 보았는데, 미처 죽지 않은 돼지와 눈이 마주쳤습니다. 어떤 눈빛이었을지, 생명이 꺼져가는 그 순간 돼지의 마음은 어떠했을지, 충분히 상상이 됩니다. 그 이후로 감독은 고기를 먹지 않았다고 합니다.

감독이 〈더 코브〉라는 작품을 준비할 때는 모발 수은 검사를 했더니 안전 범위의 44배에 달하는 수치가 나왔다고 합니다. 그래서 생선도 먹지 않게 되었습니다. 그 후로 수은 수치도 좋아졌다는 것

◆ 2009년 제작된 다큐멘터리다. 일본의 작은 바다 마을 타이지(太地)에서 매년 벌어지는 돌고래 사냥을 폭로한다. 작고 평화로운 마을이지만 이곳에서만 2만 3천 마리 가량의 야생 돌고래가 무분별한 포획 활동으로 죽어가고 있다. 다큐에서는 무자비한 돌고래 학살을 막기 위한 활동을 보여 준다.

은 두말할 것도 없지요.

한 가지 더 생각해 볼 문제는, 풀만 먹어서 힘이 없을 거로 생각한다면 소가 쟁기를 끌며 밭을 갈 수 있을까요? 말은 사람을 태우고 온종일 달릴 수 있을까요? 코끼리의 그 육중한 몸이 고기를 섭취해서 만들어진 것일까요? 코뿔소, 기린 모두 인간보다 훨씬 크고 힘도 셉니다. 인간과 일대일로 싸우지 않아서 그렇지 몸의 힘으로 보자면 아무도 그들의 적수가 되지 못할 거예요.

언젠가 인도 친구에게 들었던 의미심장한 얘기가 있어요. 왜 한국인들은 '유황 먹인 오리', '녹차 먹인 돼지' 등을 건강에 좋다고 찾아다니며 먹느냐고 묻더군요. 몸에 좋은 거면 바로 유황을 먹으면 되고 녹차를 먹으면 되지, 굳이 오리와 돼지를 거쳐 먹느냐고 물어서 할 말이 없었습니다. '상황버섯 먹인 닭'도 있고 '동충하초 먹인 돼지'도 있지요. 그렇다고 동물들이 살아 있는 동안이나마 인간에게 특혜를 받고 호사를 누렸다고 생각하지는 않습니다. 그것이 그들을 행복하게 해 주는 방법도 아니었을 거예요. 육식에 건강의 이미지를 더해 판매하는 마케팅에 지나지 않겠죠. 소비하는 사람들 또한, 마치 그런 고기를 먹으면 더 힘이 나고 건강에 더 좋다고 믿을 거예요. 좋은 채소를, 굳이 동물을 거쳐서 먹을 필요가 있을까요?

채식하면 힘이 약해지지 않느냐는 질문은 단백질이 곧 힘이라는 잘못된 공식에서 나온 말이지요. 단백질이 제한될 것이라 보기 때

문에 당연히 힘도 나지 않을 것이라는 결론에 도달한 거예요. 우리
가 믿어 의심치 않았던 생각에 허점이 있을 수 있습니다.

채식인은 예민해

사실 이 문제에 대해서는 단적으로 말하기가 어렵습니다. 왜냐하면 어떤 부분에서는 그럴 수도 있고 또 다른 부분에서는 전혀 아니기도 하니까요.

아마도 고기를 섭취하는 사람들이 주변의 채식인을 보며 유난히 예민하다고 느꼈을지도 모릅니다. 그런데 식물식을 기반으로 한 식사가 사람을 그렇게 만든다고 보기는 어려울 거예요. 다만 음식을 선택하는 데 있어서 아무거나 먹지 않기 때문에 예민하고 까다롭다고 볼 수도 있습니다. 까다롭게 선택하지 않으면 채식을 유지하기가 힘든 것이 특히 한국 사회이기도 하거든요.

그래서 일부 채식인들은 이런 불편함이 싫어 채식인이라고 드러내기를 주저합니다. 유별나게 보이기도 하고 다른 사람들과의 자리에서 채식에 대한 신념이 달랐을 때 불편한 감정을 느낄 수도 있기 때문입니다. 이것은 그 사람의 성향이므로 어떻게 하는 것이 옳다 그르다 논할 수 없습니다.

채식인들은 불편한 상황을 많이 경험합니다. 더는 그 상황이 자신들에게 이롭지 않다는 것을 체득했을 수도 있어요. 어차피 끝나지 않을 논쟁이 될 것이고, 이해할 마음도 없이 채식에 대한 공격적인 질문을 해 오는 사람도 많으니까요.

한두 번 채식의 정당성과 유익함에 관해 설명해 볼 수는 있습니다. 그러나 제 경험만 보더라도 채식에 대해 진실로 이해하고 싶어서 질문을 하는 사람은 거의 없었어요. 대부분 육식의 정당성을 들며 채식이 잘못되었다는 논리로 끌고 가는 사람이 더 많았지요. 마치 정치나 종교 토론을 하는 느낌이 들 정도로 신랄합니다. 이견이 좁혀지지 않는 경우가 많아서 상당한 피로감을 느낀 후에는, 다시는 복잡하게 채식을 설명하지 않겠다고 다짐하기도 하지요.

채식인이 아닌 사람은 채식에 관한 이해가 사실 많이 부족할 수밖에 없지요. 그들이 호의적인 마음을 갖는 경우라 할지라도 불필요한 대화가 자주 있게 됩니다. 예를 들어 직장에서 회식할 때 채식하는 사람에게 상사가 묻습니다. "이건 먹을 수 있어? 저건 못 먹나? 그건 또 어때?" 이런 식으로 말이에요.

채식인에 따라 허용한 범위가 다르고 그들을 부르는 이름도 다르다는 것을 우리는 이해했지요. 그러나 그것을 알았더라도 여러 상황에서 헷갈릴 수밖에 없을 거예요. 그래도 이 정도로 물어봐 준다는 것은 채식인을 상당히 배려해 주는 것입니다. 그렇지만 식사 때마다 매번 이런 대화를 하게 되면 차라리 혼자 먹는 게 편하다고 느낍니다.

요즘에는 이런 식으로 자신이 채식인임을 드러내는 행위를 '채밍 아웃'이라고도 하더군요. 저는 개인적으로 '커밍 아웃coming out'과 관련된 단어를 좋아하지 않습니다. 왜냐하면 자신의 정체성을 마치 사회에서 환영받지 못하는 존재이기 때문에 감추다가, 이제야 용기를 내어 드러내는 것처럼 보기 때문이에요. 성 소수자로서의 정체성이든 채식인으로서의 신념이든, 이것은 드러내고 말고 할 것도 없이 너무나도 개인적이고 자연스러운 선택 중 하나라고 생각해요. 우리 사회가 얼마나 이런 소수자에 대해 편협하고 배타적인 자세를 취하는가를 단적으로 보여 줍니다.

이런 점들만 본다면 채식인도 아직은 우리 사회의 소수자라고 볼 수 있습니다. 그런데도 소수자로서 자신의 음식 선택권을 당당하게 누리고자 하는 사람들은 어떻든 까다롭게 보일 수밖에 없습니다. '까짓거, 원래 고기 못 먹는 사람도 아니고, 대충 먹고 살지'라는 무례한 반응도 너무 흔합니다. 아무 데서나 잘 어울리고 고기도 맛있게 잘 먹는 사람은 무난한 성격이라고 여기지만, 그렇지 않은 사람은 까다롭다고 보기 쉽습니다. 이것은 어디까지나 채식인을 이해하지 못하는 사람들이 바라보는 시선이에요. 최소한 채식인이 선택한 방식에 어떤 가치가 있는지 이해하고자 하는 사람이라면 그렇게 생각하지 않습니다.

　채식을 하는 사람들 사이에서도 서로 좁혀지지 않는 생각이 있습니다. 예를 들면 자연 식물식을 이상적이고 가장 건강한 채식 방법이라고 설명했는데, 자연 식물식을 옹호하는 사람 측에서 정크 채식은 채식으로 쳐주지도 않을 만큼 의미가 없다고 보기도 하거든요. 자연 식물식은 건강을 중요하게 여기기 때문이에요.

　하지만 정크 채식을 하더라도 채식의 가치를 받아들이고 노력하기에 충분히 의미가 있다고 생각합니다. 또한 아무리 건강하지 못한 채식 음식을 달고 사는 사람이라도, 이상적인 자연 식물식의 가치를 부정하는 것은 아닙니다. 건강한 채식의 가치를 충분히 이해하지만, 나는 내가 가능한 만큼 천천히 노력하겠다는 의미가 있는 거지요. 어떤 경우에도 채식이, 육식을 못하는 고통스러운 선택이 되어서는 안 됩니다.

　고기를 좋아하는 사람들은 "이렇게 맛있는 걸 못 먹어서 어떡해?"라며 진심으로 안쓰러워하기도 합니다. 그런데 채식인들의 생각은 또 다르지요. "이렇게 행복하고 건강한 삶을 몰라서 어떡하나……." 서로 안타까운 마음이 다르지 않아 보입니다.

채식하고 싶은데
괜찮을까요?

채식이 전 세계적으로 유행인 것은 맞지만, 우리나라에서는 채식인이 워낙 소수자 취급을 당하다 보니 그에 관한 편견도 만만치 않은 것 같습니다. 채식하면 소위 '풀떼기'만 먹고 사는 것처럼 여기기 때문에 풍성했던 밥상이 갑자기 초라해질 것 같고, 맛있는 고기 반찬이 사라지니 식사 시간이 더는 즐겁지 않으리라 걱정을 많이 합니다. 성인이라면 자발적으로 채식을 선택해서 소신을 지켜나갈 수 있겠지만, 어린 학생들에게는 주위의 이해나 도움이 없다면 사실상 너무 힘들어지는 과정이 될 거예요. 게다가 성장기 청소년이라면 영양적으로도 큰 문제를 겪을 것처럼 다들 겁을 주기 때문에 걱정이 이만저만이 아니지요.

채식하지 않는 청소년에게 설문조사를 했더니 45퍼센트는 채식에 관심이 없다고 했고, 55퍼센트는 적극적으로 해 보고 싶다거나 간헐적으로 또는 기간을 정해 도전해 보고 싶다는 응답을 했습니다. 여기 55퍼센트에 해당하는 잠재적인 채식 청소년들은 아마도 주변의 공감이 얼마나 큰 힘이 되는지 경험을 하게 될 거예요. 어쩌면 주위의 반대를 겪으면서 좌절하거나 포기할 수도 있겠지요. 그런데도 채식의 가치를 알고 꾸준히 실천해 보고 싶은 사람이라면 잘 해내리라고 봅니다.

그간 섭취해 왔던 것들 중 고기류만 빼고 한번 잘 생각해 보세요. 얼마나 많은 다른 먹을거리가 있고, 얼마나 많은 채식 종류가 있는지 놀라게 될 거예요. 채식은 저 멀리 있는 아주 특별한 삶의 방식이 아니랍니다. 우리가 늘 먹어왔던 것들이고 우리 주위 가까이에 있는 것들이지요. 완전 채식이 아니라도 다양한 방식의 채식이 있어요. 자신에게 맞는 방식을 선택하면 되고 일주일에 한 번이라도 채식을 실천하는 것도 방법이겠지요.

가장 필요한 것은 어떤 상황에서도 '즐거운 마음'을 갖는 거예요. 우리가 먹는 음식에 관심을 가지고 건강한 음식을 먹으며 감사하는 마음이 된다면, 남들처럼 푸짐하게 먹지 않아도 만족스러울 겁니다. 한 끼 두 끼 소박하나마 이런 식사가 이어진다면 안정적인 채식인으로 거듭나게 되겠지요.

7장   우리나라의 채식 문화

삼겹살과 사회생활

우리나라에서 채식하기 어려운 이유 중 하나는, '우리'라는 개념이 강하기 때문입니다. '우리' 안에서 함께 움직이고, 같은 생각을 해야 하고, 뭉치면 살고 흩어지면 죽는다는 사고가 깊이 깔려 있기 때문이에요. 국가라는 큰 조직, 그 아래 작은 집단들, 더 아래 작은 관계들이 있지요. 소수 직종을 제외하면 조직 안에서 '튀는 짓'을 한다는 것은 상당히 많은 불편함을 참아야 한다는 뜻이기도 합니다.

채식인으로 살아간다는 것은 사람들 사이에서 일종의 '튀는 짓'으로 인식되곤 해요. 그래서 '채밍 아웃'을 해야 하는 건지도 모르겠습니다. 그 뜻은, 채식인으로서 더 튀어보겠다는 뜻이 아닐 거예요. 남들 눈에 튀는 인간으로 보일지 모르지만, 그저 있는 그대로 봐달라는 뜻이라고 생각합니다. 그렇더라도 채식인이 피할 수 없는 게 우리나라의 고기 문화입니다.

고기를 먹는다는 것이 우리 사회에서는 즐겁고 작은 축제 같은 것으로 여겨지지요. 무언가 떠들썩하고 푸짐한 분위기예요. 특별한 날에는 분위기 좋은 곳에서 스테이크를 썰고, 복날에는 삼계탕을 먹습니다. 삼겹살데이, 오삼데이, 구구데이도 생겨서 고기 먹는 사회의 열기는 식을 줄을 모릅니다.

많은 사람이 모여 회식하는 상황을 떠올려 보세요. 단체로 식사할 때는 보통 음식을 '통일'하지요. 대부분은 고깃집을 가는데 다 같이 고기를 뒤집으며 친목 도모를 해요. 이런 상황에 어울리지 못하고 채식을 한다고 하면 분위기 깨는 사람으로 보기도 합니다. 누가 뭐라던 혼자서 채식하는 건 사실 아무 문제가 없는데, 관계 속에서는 그게 어려운 일이 되기도 해요. 남들과 다른 선택을 하는 순간 세상에서 고립되기가 쉽지요.

그런데 같이 식사한다는 것은 무엇을 먹느냐의 문제가 아닐 거예요. 같이 즐거운 마음으로 어울리는 시간이 의미가 더 큽니다. 같이 어울릴 마음이 충분하다면, 무엇을 먹는가 하는 것보다 서로 존중하고 배려하는 자세가 필요합니다.

고깃집이든 어디든 한가지로 통일된 식사를 해야 한다면, 그 상황에서도 충분히 각자 즐길 수 있는 것들은 있을 거예요. 예를 들면, 채식인이 고깃집에 합류하게 되더라도 밥이나 쌈 채소 등을 충분히 먹을 수 있지요. 페스코 베지테리언의 경우라면 더더욱 어려움이 없을 것이고, 비건이라 해도 제약은 더 심해지겠지만 그렇다고 쫄쫄 굶지는 않습니다. 때에 따라서는 고기 기름 때문에 구운 버섯도 먹고 싶지 않을 수도 있어요. 이 경우에도 자신의 신념이나 취향에 따라 선택하면 됩니다. 제 경우에는 고깃집이라도 먹을 게 없다고 느끼지 않아요. 내가 좋아하지 않는 것은 먹지 않을 뿐이지요. 그것은 채식인이든 비채식인이든 다르지 않을 거예요. 그들 중에서는 깻잎을 싫어해서 안 먹을 수 있어요. 그렇다고 깻잎이 나오는 자리이기 때문에 자기가 먹을 게 없다고 느끼지 않지요.

그런데 윤리적인 이유로 채식을 하는 사람 중 소수는 이런 상황을 불편하게 여기기도 합니다. 드물기는 하지만 고기 먹는 사람들을 노골적으로 비난하기도 해요. 보이지 않는 곳에서 동물들이 겪는 고통을 생각하면, 앞에서 지글지글 구워지는 삼겹살이 절대 맛있어 보일 리가 없겠지요. 그걸 맛있다고 입에 넣고 있는 사람들을 보면, 남의 고통 따위는 아랑곳하지 않는 이기적인 사람처럼 느껴지기도 할 거예요. 그래서 간혹 소셜 미디어에 육식에 대한 신랄한 비난을 거침없이 쏟아내는 사람들도 종종 있습니다.

그 마음은 백번 이해하지만, 서로 비난하는 태도는 바람직하지 않다고 봅니다. 자신 또한 아무것도 알지 못하고 고기를 먹었던 시절이 있었다면 말이에요. 누구도 완전무결하지는 않습니다. 모를 때는 몰라서 실수할 수 있는 법인데, 육식 문화 때문에 이 사회가 바뀌지 않는다고 분노를 드러내는 것은 자신의 감정을 배설하는 것밖에는 안 될 거예요.

설령 원하지 않는 메뉴가 나오는 음식점에 같이 가게 되더라도, 자신이 원하는 것을 원하는 만큼 적극적으로 표현하고 즐긴다면 큰 문제가 없을 거예요. 가장 좋은 것은 모든 사회 구성원이 각자의 영역을 존중해 주는 것이겠지요. 무얼 먹는다고 비난하거나, 먹지 않는다고 비아냥거린다면, 서로 똑같은 사람밖에는 안 될 거예요.

채식 찾아 삼만 리

채식주의자, 채식인, 베지테리언, 비건, 이런 단어들이 절대 낯설지 않게 느껴질 정도로 우리 사회도 많이 바뀌고 채식 식당이나 카페도 많이 생기고 있습니다. 제가 처음 채식을 시작하던 2002년 무렵에는 유명한 사찰 근처에나 채식 식당이 있었어요. 그것도 채식과 명상을 중요한 삶의 가치로 보는 단체 등에서 운영하는 곳이었지요. 일반인이 채식 식당을 연다는 것은 수요가 없는 불모지에서 꿋꿋이 신념만 지키며 버텨내야 할 정도로 용기가 필요했습니다.

요즘은 온라인으로 모임이 형성되고 오프라인에서도 적극적으로 채식 식당을 찾아가 채식 라이프를 즐기는 사람도 많아지고 있지요. 지속적으로 식당이나 카페 등의 정보를 업데이트해서 공유하거나, 채식의 가치를 세상에 알리고 싶은 사람들은 직접 채식 베이커리나 카페를 열기도 해요. 그런데도 치킨집만큼 대중적일 수 없으므로 생겼다가 사라지고, 열었다가 그만 문을 닫아야 하는 가게도 많은 것 같습니다.

채식이 유행아닌 유행을 하다 보니, 채식 식당이 이전에는 채식에 대한 이해가 있는 사람들만 시도하는 일이었다면 요즘에는 단순히 생계를 위해 운영하는 곳도 많습니다. 어떤 이유로 영업을 하든지 그것은 소비자가 개입할 문제는 아니죠. 그러나 채식에는 단순히 '식물성 음식 섭취'라는 제한된 개념만 있는 것이 아닙니다. 문구점처럼 단순한 공산품을 취급하는 가게와는 다르다는 뜻이에요. 맘에 드는 볼펜과 다이어리를 사는 것은, 진열된 수많은 상품 중 마음에 드는 하나를 고르는 것이지요. 공산품이라면 어떤 사람은 디자인을 중요하게 볼 수도 있고, 사용하기 편한 것을 고를 수도 있고, 저렴한 것을 구입하는 사람도 있을 거예요. 각자의 취향에 따라 고르지만, 거기에는 심오한 철학이나 종교적인 신념까지는 없습니다.

그러나 채식을 하는 사람들의 경우 다양한 가치 판단 기준이 있습니다. 이는 지구 환경·건강 때문에 채식하는 경우보다, 윤리적·종교적인 이유로 채식을 하는 사람들에게서 더 엄격한 기준이 적용됩니다.

맥도날드에서 감자튀김을 소고기 기름으로 튀긴 문제 때문에, 미국에 사는 인도인들이 집단 소송을 한 사건이 있었어요. 한 인도인이 자신을 만나러 온 인도의 힌두 구루◆와 함께 맥도날드에서 감자튀김을 사 먹었어요. 그런데 알고 보니 맥도날드에서는 음식의 맛을 좋게 하려고 소고기 성분이 들어간 기름을 사용한다는 것을 알게 되었지요. 그보다 먼저 맥도날드는 공개적으로 감자튀김을 식물성 기름으로만 조리한다고 광고했습니다. 그런데도 그 약속을 지키지 않은 것은 엄연한 사기 행위라고 본 것입니다. 더구나 소고기를 먹지 않는 힌두교도들은 맥도날드의 이러한 행위로 자신들의 종교적 신념이 더럽혀졌다고 분개했습니다.

동물성 성분이 들어갔다고 해서, 고기도 아닌데 뭐가 어떠냐고 볼 사람도 분명 있을 거예요. 그래서 사람들은 소고기 미역국도 미역만 건져 먹으면 되지 않느냐고 말하고, 닭갈비에서도 고기만 빼고 먹으라고 합니다. 진심으로 하는 말이긴 하지만, 동물 성분을 엄격하게 제한하는 채식인에게는 동물의 기름을 사용하는 것이 큰 문제가 될 수 있어요. 음식을 먹고 안 먹고의 문제를 떠나 동물에게서 얻을 수 있는 모든 것을 거부하기 때문이에요. 더구나 기름이라고 하면 살아 있는 동물에게서 평화롭게 얻을 수 없기 때문입니다. 이 정도를 갖고 소송까지 하는 것이 까다롭다고 볼 수도 있지만, 평생을 종교적인 신념으로 채식해 온 힌두교도들에게는 용납할 수 없는 문제일 거예요. 이것은 거부해야 할 음식의 차원이

◆ 힌두교에서 스승이나 지도자를 뜻한다.

아니라 신성 모독이나 다름없는 문제입니다. 결국 맥도날드는 1천만 달러로 화해하고 사과문까지 발표했지요.[◆]

우리나라의 채식 식당, 채식 음식에서도 이런 문제가 종종 불거지는 것 같아요. 앞에서 분류한 대로 채식의 종류가 여럿 있기는 하지만 '채식 식당'이라는 이름을 걸고 영업을 할 때는 보통 '비건'의 개념으로 이해하는 경향이 있습니다. 그런데 채식에 대한 이해가 없는 경우에는 개념 정리부터 다르므로 마찰이 생기곤 합니다.

'채식 식당'이라고 간판을 내건 음식점에 간 적이 있어요. 그곳의 메뉴는 김밥, 비빔국수, 콩고기로 만든 콩까스 등등이었는데 문제는 김밥과 비빔국수에 각각 달걀지단과 삶은 달걀을 사용하고 있었습니다. 그리고 그곳에서는 우유와 유정란까지 팔고 있었어요. 관리자에게 물었을 때 '채식에도 여러 종류가 있지 않냐'는 답변이 돌아왔지요. 이제 여러분도 알다시피 그 뜻은, '우리 식당은 락토 오보 채식을 하는 곳'이라는 말일 거예요. 그러나 이 논리라면 세상의 모든 식당은 '채식 식당'이 될 수 있습니다. 고깃집은 플렉시테리언을 위한 식당이고, 횟집은 페스코 식당이 되겠지요.

이런 특이한 경우를 제외하고는, 대부분의 채식 식당이 '채식'이

◆ 2001년 미국에서 있었던 사건이며 사과문의 내용은 다음과 같다. "맥도날드는 미국 내 점포에서 고객이 충분히 이해하고 음식을 선택할 수 있도록 정보 제공하는 것을 게을리하였음을 힌두교도와 채식주의자를 포함한 고객 여러분에게 진심으로 사과합니다."

라는 이름을 걸고 영업을 할 때는 비건 음식을 취급하지요. 또는 '채식 요리가 가능한 식당'이라고 해서 채식인을 위해 따로 메뉴판을 준비해 놓은 곳도 있습니다. 이런 경우에는 차라리 마찰이나 혼란이 없을 거예요.

그러므로 엄격한 채식을 하는 사람이라면 식당을 선택할 때도 꼼꼼하게 점검하는 것이 필요합니다. 채식과 비채식 메뉴를 동시에 취급하는 식당이라면 재료에서부터 채식 개념이 다를 수 있다는 것도 알아야 합니다. 고기 분말의 조미료나 육수를 사용해 끓인 찌개를 채식이라고 하기도 하고, 심지어는 '고기 종류는 모두 빼달라'고 요청했는데 '햄'을 넣은 경우까지 있었습니다. 왜 햄이 들어 있냐고 물었을 때 오히려 "햄이 무슨 고기예요? 그리고 그것까지 빼버리면 무슨 맛으로 먹어요?"라고도 하니까요.

음식이 아주 훌륭하지만 직원들이 행복해 보이지 않는 식당, 음식은 별로이지만 행복한 사람들이 일하는 식당, 여러분은 어디로 가고 싶으세요? 무엇을 중요하게 여기는지에 따라 당연히 대답은 나뉘겠지요? 음식을 먹으려고 가는 것이기 때문에 일단 음식이 맛있어야 한다는 대답과, 음식은 그저 그렇더라도 행복한 사람들이 만든 음식을 먹었을 때 내 몸에도 건강한 음식이 될 것 같다는 대답이에요. 여기에는 정답이란 건 없습니다. 그러나 약간의 모순이 있다는 생각이 들어요. 왜냐하면 진실로 행복한 사람들이 만들고 같이 일하는 식당에서는 자연스럽게 음식에도 그 향기가 배어 있

을 거라는 믿음이 있기 때문이에요. 행복한 사람들이 만드는 채식
음식을 먹고 싶은 게 저의 대답입니다.

채식을 사회 운동으로

채식은 지극히 개인적인 영역에서의 먹거리 문제라고 보기 쉽지요. 일차적으로는 그렇습니다. 삼시세끼를 먹고 사는 인간으로서 하루도 음식과 떨어져서 살 수가 없으니까요. 그러한 개인적인 영역의 문제를 사회적인 이슈로 드러내는 사람들이 있어요. 채식이나 환경 운동, 동물권 활동을 하는 NGO 단체들입니다.

이 단체들은 각각의 영역에서 활동하지만 결국 모든 문제를 한꺼번에 해결할 수 있는 방법이 '채식'이라는 데에 의견을 같이 합니다. 채식이라는 단어가 매우 소박한 밥상만을 의미하는 줄 알았는데 많은 사회 운동의 종착역으로 결론 내리고 있다니 생각보다 거창하지요? 그 이유는 앞서 제2장 '왜 채식을 할까?'에서 다루었으니 여러분도 충분히 짐작할 수 있으리라 생각해요. 인간 때문에 고통당하는 동물들에게 관심을 두고 이들을 인간에게서 해방하자는 운동을 하는 사람들은, 우리가 동물을 착취하지만 않으면 모든 문제가 해결된다고 생각합니다. 지구가 뜨거워져서 언제 폭발할지도 모를 상황에서 기후 위기의 원인을 짚어 가다 보니 공장식 축산업으로 생산되는 육류 소비를 멈추어야 한다는 결론이 도출된 것이지요. 그래서 채식 운동은 이 모두를 한꺼번에 다룰 수밖에 없는 구조랍니다.

예전에는 부당한 것이 보여도 꾹 참으며 인내하는 것이 사회생활을 잘하고 성공하는 길이라 여기기도 했어요. 사회 구조를 깨지 않고 거기에 적응하며, 사회에서 요구한 인간이 되어야 한다고 배웠습니다. 얼마나 거기에 잘 맞춰 사회에 이바지할 수 있는지가 그 사람을 판단하는 잣대가 되기도 했어요. 조직은 그렇게 고분고분한 사람을 필요로 했습니다. 그래야 조직이 깨지지 않고 잘 유지될 수 있으니까요.

그러나 지금은 많이 달라졌지요. 정의롭지 못하거나 불공정하다고 느끼는 것이 있으면 그것을 드러내고 바꾸고자 하는 사람들이 많아졌습니다. 처음 용기를 내는 것은 상당히 어렵습니다. 사회에서 당장 환영받지 못하는 경우가 많아요. '조용히 넘어가자'는 식의 반응도 많습니다. 그러나 조용히 넘어간다면 불공정함으로 고통받는 사람은 줄어들지 않을 거예요. 결국 언젠가는 안으로 곪았던 상처가 터지고 더 크게 도려내야 하는 상황이 생기지요. 이런 문제를 적극적으로 드러내는 사람들을 조직은 반기지 않을 거예요. 하

모든 사람이

세상을 바꾸는 것에 대해

이야기 하지만

아무도

자신을 바꾸려고

하지는 않는다

세상을 바꾸는 밥상

" 비건 실천 "

지만 발전에는 늘 이런 문제가 동반됩니다. 그렇지 않으면 더 높은 차원으로의 도약이 힘들어요. 그냥 제자리걸음만 할 뿐이죠.

채식이라는 주제로 다 같이 연대한 우리 사회의 NGO 단체들은, 기후 위기의 문제가 심각하다고 봅니다. 어떤 사람들은, 하루 벌어 하루 먹고살기에도 바빠 죽겠는데 채식 운운하니 정말 배부른 소리 한다고 거들떠보지도 않아요. 그런데 배부른 소리를 하고 싶어도 더는 못할지도 모를 지경까지 와 있습니다.

자기 개인 영역에서의 문제라면 사람들은 살아남기 위해서 무엇이든 해볼 거예요. 그런데 더 큰 영역의 문제가 되었을 때 사람들은 둔감해지기 쉽습니다. 체감하더라도 상당히 먼 거리에서의 작용이라고 보기 때문이에요. 게다가 나 하나 잘하든 못하든 세상에 미치는 영향은 없을 것이라고 보기 때문입니다. 그런데 하나둘씩 같은 생각을 한 사람들이 모이고, 단체들이 모이니, 우리 사회에 큰 영향을 미치게 되었어요.

채식 관련 단체들은 2018년 교육감 후보자들에게 채식 관련 정책 질의서를 보내기도 했습니다. 질의서에서는 당연히 공장식 축산업의 폐해를 먼저 다루고 있었지요. 축산업 팽창으로 고기 소비가 늘게 되었고 따라서 서구식 질병이라고 하는 고혈압 환자 1천만 명, 당뇨병 환자 5백만 명이 약에 의존하며 살게 되었다는 것입니다. 소아 비만, 소아 당뇨를 비롯한 아토피, 비염, 천식 등 면역계 질환을 앓는 어린이들과 성조숙증으로 고통받는 청소년들이 크게 늘고, 20~30대 청년들의 불임과 난임 또한 심각하다는 얘기도 덧붙였습니다. 잘 먹고 잘사는 것이 꿈이었던 시절도 있었다는데, 원하는 대로 잘 먹게 되니 다른 문제가 발생한 것이지요. 과연 잘살게 되었는지는 깊이 생각해 볼 필요가 있습니다.

급식과 채식 선택권

사회적인 영역에서 학생들의 교육을 지도하고 이끌어갈 교육감 후보자에게 질의서를 보냈다는 것은 상당히 고무적인 일이었지요. '음식'이란 우리 인생에서 아주 중요한데 늘 골고루 먹으라고만 배웠지, 재료가 어떻게 우리 앞에 오게 되었는지는 안중에도 없었거든요. 게다가 골고루 먹기 위해서 무분별하게 다른 생명체를 해치기도 하고, 결과적으로 기후 위기를 재촉하고 있었다는 사실은 누구도 예상하지 못했던 문제였습니다. 이제라도 문제를 알았으니 현명한 선택을 하자는 뜻이었습니다.

교육감 후보자들에게 채식 관련 정책 질의서를 보낸 것은 이전에는 상상도 하지 못했을 일이에요. 학교 급식에 관심 갖고 건강한 방식으로 바꾸려고 노력하는 수많은 단체가 있다는 것도 잘 알리게 되었지요.

동물권이나 기후 위기 문제, 학생들의 건강을 위한 측면에서 육식을 줄이고 채식을 권장해야 한다는 사실을 어느 정도 공감하는지에 관한 질문에서, 대부분의 후보는 주 1회 채식 운동의 취지에 긍정적인 반응을 보였습니다. 학부모와 학생, 학교의 실무 담당자의 준비 정도와 요구도를 감안하여 실시 여부를 결정하겠다고 답변했지요. 이미 자율적으로 주 1회 채식 급식을 실시하는 곳도 있었습니다.

학교 급식에서 채식을 한다고 하면, 전혀 다른 식단이 나올 것처럼 생각하는 경향이 있어요. 먹을 것이 극도로 제한되어 뭘 먹어도 만족스럽지 않을 것 같고 '오늘 식사는 망했다'는 각오로 임해야 할 것처럼 생각합니다. 그런데 알고 보면 전혀 그렇지 않아요. 고기를 뺀 식단일 뿐, 따로 채식 식단이라고 얘기하지 않는다면 모르고 맛있게 먹을 수 있는 것들이 사실 무궁무진하거든요.

김치에서는 젓갈만 빼면 됩니다. 젓갈 맛으로 김치를 먹는다는 사람은 적을 거예요. 오히려 젓갈을 빼면 훨씬 깔끔해서 외국에서는 이것을 '김치 샐러드'라고 표기하기도 합니다. 소고기 미역국에는 소고기만 없을 뿐 콩고기나 버섯, 들깨가루 등을 넣으면 맛도 다르지 않고, 어묵까지도 이제는 콩단백으로 똑같은 맛을 내지요. 콩국수나 쫄면 등은 그대로 채식 메뉴가 될 수 있습니다. 우리가 매끼 고기를 먹어 왔던 사람들도 아닌데, 막상 채식한다고 하면 밥상에 천재지변이 일어날 것처럼 겁을 먹기 때문에 오히려 채식 급식이 특이해 보일 수 있을 거예요.

각 시도별 교육청에서는 이 문제를 심도 있게 고민했어요. 의도가 아무리 좋아도 학생들의 건강을 해치면 안 되기 때문에 영양학적으로도 충분히 검토했지요. 사실 우리가 알아보려고 하면 영양학적 근거는 넘쳐나지만, 사람들은 대체로 '영양'을 볼모로 '입맛'을 포기하고 싶지 않은 측면도 있습니다.

그러다 서울특별시 교육청에서는 2021년 4월부터 채식 급식을 추진하기 시작했지요. 지속 가능한 지구를 위한 식습관이라는 표어도 걸고요. 한 달에 두 번 '그린 급식의 날'을 운영하고, 일부 학교에서는 '그린바green bar'를 설치해 채식 선택제를 시범 운영하고 있습니다. 단순히 채식 위주 급식을 시행하는 데 그치지 않고 기후 위기와 먹거리의 미래에 대한 이성적·윤리적 이해의 바탕에서 생태적 전환을 지향하는 교육 기반을 마련하려고 학교 교육 계획서에도 먹거리 생태 전환 교육 계획을 포함해 교육 과정과 연계 운영한다고도 밝혔습니다.◆ 이에 대해 서울시 교육감은 "인류는 코로나19를 통해 인간과 자연이 연결되어 있으며 공존해야 한다는 사실을 온몸으로 깨닫는 경험을 하였다."라는 얘기로, 현시대에서 채식이 더는 소수의 선택이 되지 않는다는 뜻을 보였습니다.

전라북도 교육청에서는 2011년부터 2017년까지 '채식의 날'을

◆ "서울 학생들, 한 달에 두 번 '채식 급식' 먹는다", 〈한겨레〉, 2021. 4. 8.

주 1회 시범 운영하다가 2018년부터는 학교별로 주 1회나 월 2회 자율적으로 운영하고 있습니다. 울산광역시 교육청에서도 2020년에는 한 달에 한 번 '채식의 날'을 도입하다가 2021년부터는 이를 의무화했어요. 인천광역시 교육청도 모든 초중고에서 한 달에 두 번 채식 식단을 제공하기로 했고, 광주광역시 교육청도 월 1회 '저탄소 식단의 날'을 운영하고 시범 학교에서는 주 1~2회 채식 식단을 별도로 제공합니다.

그동안 부모와 자녀가 모두 채식하는 가정에서는 고충이 많았습니다. 학교 급식을 포기해야 했었지요. 비건 가정에서는 자녀가 학교에서 받아오는 급식 식단 메뉴를 살펴보고 채식 도시락을 싸야만 했습니다. 부모님이 채식에 대한 이해가 있는 경우라면 한결 수월했겠지만, 그게 아니라면 정말 힘들 거예요. 주위에 채식하는 사람이 아무도 없다면 홀로 동물과 지구를 지키고자 하는 신념을 저버리지 않으려는 노력이 쉽지 않지요. 이런 소수 학생들의 선택권도 존중받는 학교 환경이 되었다는 것은 긍정적인 변화로 보입니다.

그런데 채식 급식에 반대하는 의견도 있어요. 채식이 성장기 청소년에게 영양학적으로 문제가 될 수 있다는 것이죠. 특히 학생들에게 가장 좋은 식단은 이것저것 가리지 않고 골고루 먹게 하는 것이라고 보는 거예요. 반면에 주 1회 또는 월 2회 정도 채식 식단이 운영된다고 해서 학생들의 성장에 문제를 일으킬 것이라고 보지 않는 사람도 많습니다. 이런 팽팽한 의견들이 맞서고 있어도, 우리 사회가 어떻든 기후 위기 문제를 외면할 수 없는 상황이라는 점은 분명해 보입니다.

다음은 군부대 얘기예요. 2019년에 시민단체들이 '군대 내 채식 선택권을 보장하라'며 국방부장관을 상대로 인권위원회에 진정서를 냈지요. 채식주의자 군인들은 정상적인 식사를 하지 못한 채 훈련을 받아야 해서 몸도 힘든데, 정신적 스트레스와 우울증에 더욱 고통스러웠다고 해요. 만약 '당근'을 싫어하는 사람이 있다면 음식에서 당근을 먹지 않고 남기는 일 정도는 그다지 힘들지 않을 테지만, 고기를 먹지 않는 사람에게는 거의 모든 음식에 갖가지 방식으로 고기가 들어가 있기 때문에 대부분의 식사가 어려워집니다. 더구나 군대라고 하는 특수한 영역에서 생활해야 하는 군인들의 경우에는 말로 다 못 할 정도의 고통이었을 거라 봅니다.

결국 2020년에는 채식주의자 등 소수 장병을 위해 채식 지원을 한다는 급식 방침이 내려졌어요.◆ 급식 방침을 개정했기 때문에 인권위원회에 낸 진정서는 결과적으로는 기각되었지요. 군대 내에서도 비로소 채식 식사가 가능해진 길이 열린 거예요. 개개인의 식성이나 신념에 따라 음식을 선택할 수 있는 권리가 인정받게 된 겁니다.

이어서 2021년 2월부터는 병역판정 검사 때 작성하는 신상 명세서에 '채식주의자' 여부를 표시하는 항목까지도 신설하게 되었어요. 채식인과 특정 종교를 가진 사람에게는 맞춤형 식단을 제공하겠다고도 밝혔습니다.

채식은 단순히 음식에 대한 선호도만 의미하는 것은 아니에요. 우리 개개인이 건강과 신념을 선택할 권리가 있듯, 동물에게도 행복하게 태어나 자연스럽게 생을 마감할 권리가 있습니다. 이 땅과 나무와 물줄기도 태양 아래에서 건강한 흐름을 지속하게 하는 것

◆ "군대서도 비건 급식 먹는다… 채식주의자, 짬밥을 바꾸다", 〈서울신문〉, 2020. 10. 7.

이 지구인인 우리의 의무입니다. 결국 지속 가능한 삶의 방식은 우리 모두의 행복한 공존과 직결될 거예요. 세상의 평화를 위한 실천이지요. 채식은 그런 의미입니다.

공장식 축산업이 사라지면
동물들은 어떻게 되나요?

동물은 어디에서 살아야 할까요? 털과 가죽을 빼앗기려고 철장 안에 갇힌 채로 살아야 하는 것도 아니고, 그렇다고 고기로 생산되려고 공장에서 살아야 하는 것도 아닙니다. 인간이 지어 놓은 축산업 공장에서 동물들이 자연스러운 방식으로 살 수 없다는 것은 명백한 사실이지요. 동물들은 그곳에서 살아 있는 내내 비참하고 고통스러운 시간을 견뎌야 합니다. 육류 산업이 이러한 문제점을 안고서도 발전을 지속할 수 있었던 것은, 사람들에게 고기를 먹어야 하는 당위성을 부여해 왔기 때문입니다. 거기에 매혹당한 사람들은 잘못된 생각의 틀을 벗지 못하고 고기의 맛에 길들어 있었던 것이지요.

그러나 폭력과 고통으로 범벅된 고기는 결코 우리의 건강에 도움이 안 될 거라고 자각하기 시작했습니다. 당장 오늘 고기를 먹고 내일 어떤 질병에 걸린다면, 세상의 모든 사람은 고기를 두려워하게 될 거예요. 그러나 그 문제는 하루아침에 드러나는 게 아니지요. 결국 세월이 한참 흐른 후에야 인류 전체를 위협하는 문제로 커져서 이제 더는 광고로 포장할 수 없는 산업이 되어 버린 것입니다.

공장식 축산업이 계속 유지된다면, 더 많은 사람이 과도한 육류 섭취로 질병에 노출될 것이고, 더 많은 동물은 그곳에서 태어나 비참한 삶을 살다 떠나겠지요. 또한 축산업으로 지구 온난화는 더더욱 가속화되어 그야말로 우리는 한꺼번에 한순간에 모두 죽음으로 내몰리게 되는 그런 시나리오가 그려집니다.

아주 극단적인 설정이지만, 인류 모두가 순식간에 채식으로 식단을 바꾼다면 더는 공장에서 인위적으로 태어나는 생명은 없겠지요. 어미 소는 강제로 새끼를 낳지 않아도 되니, 송아지를 빼앗기고 울부짖는 일도 없을 것입니다. 돼지들도 태어나자마자 마취도 되지 않은 채로 거세당하거나 꼬리를 잘리지 않을 거예요. 닭들도 밤낮없이 알만 낳지 않을 것이고 수평아리로 태어났다고 바로 기계에 갈려 죽지 않아도 되겠지요. 동물들을 먹이느라 GMO 농산물을 재배하며 농약으로 땅을 황폐화시킬 일도 없을 것이고, 아마존 같은 열대 우림을 밀어 버리거나 태우지 않아도 될 거예요. 펄펄 끓는 지구도 열이 내려가니 북극의 빙하에서 북극곰들은 안전하게 살아가겠지요. 그동안 우리 인간은, 채식을 활용한 더 맛있는 요리를 개발하느라 즐거운 연구에 몰입할 수 있을 거예요.

공장식 축산업이 사라진다면, 축산업에 희생되었던 동물들은 그제야 그들이 살아야 할 본연의 땅에서 살아갈 수 있을 거예요. 그것도 아주 평화롭게 말이지요.